베스트 空手道全書

오십사보 대·오십사보 소·명경 11

中山正敏 著 / 明在玉 監修
姜泰鼎 譯

서림문화사

베스트 공수도전서

나카야마 마사도시 지음

차 례

나카야마(中山) 공수의 진수　7
책 머리에　9
공수도란?　11
공수도에 있어서의 형(形)　13

제1장　**오십사보 대(五十四步 大)** ──────── 19
제2장　**오십사보 소(五十四步 小)** ──────── 71
제3장　**명경(明鏡)** ──────────────── 117

나카야마(中山) 공수의 진수

　오늘날의 공수(空手)는 전세계에 보급되어 많은 동호인들이 수련에 정진하고 있다. 그것은 공수가 무도(武道)로서 뿐만 아니라, 과학적으로 뒷받침된 근대 공수도로서 확립했기 때문이라 할 수 있을 것이다. 나의 사부 나카야마(中山正敏) 선생은 그 근대 공수의 제일인자였다.
　선생은 누구나 익힐 수 있는 체육적인 공수, 호신술로서의 공수, 경기(競技)로서의 공수 등 수련하는 사람의 층에 따라 여유 있게 지도할 수 있도록 힘써 왔으며, 우리들은 그런 교육을 받았다. 연습법만 해도 합리적인 방법을 추구해 왔다. 또한 어떤 수련에도 생리학적·운동역학적인 합리성이 중요하다고 해서 공수를 과학적으로 분석한 것이다. 그것이 공수인구를 증가시키는 데 있어서 큰 도움이 되었다고 여겨진다.
　공수시합의 룰을 완성한 것도 큰 공적이다. 대련의 시합에 관해서는 포인트 위주의 승부를 마다하고, 일권필살(一拳必殺)이야말로 공수의 진수임을 강조했다. 즉 단보승부의 룰을 만들었다. 그것이 현재의 시합제도가 되고 있는 것이다. 또 체조경기나 뛰어들기경기 등의 채점법도 깊이 연구하고, 거기에서 힌트를 얻어 힘의 강약(强弱), 몸의 완급, 몸의 신축을 기본으로 삼은 형(形)의 시합을 이뤄 놓은 것이다.
　선생은 30년 전부터 우수한 지도자를 양성하여 외국에 파견하는 일에도 열심이었다. 처음에는 사막에 물을 뿌리는 것 같은 형편이었지만, 그것이 오늘에 꽃을 피우고 있다. 선생이 배출시킨 지도자들의 노고에 의한 것이다. 선생 자신이 1년에 3개월 내지 반년은 외국에 가서 공수의 보급에 힘써 왔다. 선생은 특히 외국에 가기만 하면 생기가 돌았다. 그것은 참으로 이상할 정도였다. 병이 나서 선생의 몸을 걱정해 "적당히 하세요"하고 만류하면 "나의 즐거움을 빼앗을 셈인가"고 도리어 책망하기 일쑤였다. 결국 그 같은 노력의 결집이 곧 공수하면 'NAKAYAMA KARATE'라고 할 만큼 불멸의 지위를 쌓아 올린 것이다. 따라서 선생의 저서는 세계 공수가들의 '바이블'로서 절대적 평가를 얻고 있다 해도 과언이 아니다.

공수가 세계에 보급되고서는 공수의 아카데미적인 조직 구성을 착수하기 시작했다. 나라의 안팎을 막론하고, 어떤 조직이건 대립하는 것이 아니다. 기술을 중심으로 제휴해 가자, 기술의 교류를 통해 공수도를 높여 가자는 것이 선생의 이상이었다. 한데, 그것을 완수하기 전에 돌연 세상을 뜨셨다. 나는 다쿠쇼쿠(拓植) 대학 때부터 선생에게서 직접 지도를 받았던 못난 제자이기는 하지만, 선생의 가르침을 계승해야 한다는 생각을 하고 있다.

선생이 가장 중요시했던 것은 이른바 '끝내기'와 '기본'이었다. 끝내기라는 것은 자기가 갖고 있는 힘과 속도를 어떻게 순간적으로 집중시키느냐는 것이다. 그리고 기본을 확실하게 익혀 놓으면 몇 살이 되어도 할 수 있는 것이라고 하며, 기본을 중요시 여겼다. 공수는 재능이나 젊음에 의해 어느 한 시기만 강하다고 하는 것이 아니라 평생을 두고 할 수 있는 것이다. 그래서, 선생은 '끝내기'를 어떻게 완성하는가 하는 것과 '평생공수(平生空手)'라는 것을 큰 목표로 삼고 있었다.

그런 '나카야마 공수'를 전하는 의미에서 이번에 선생의 「베스트 공수」 시리즈(全11卷)가 출판되는 것은 참으로 기쁘기 그지없는 일이다. 이 「베스트 공수」는 이미 해외용으로서 세계 7개 국어판으로 출판된 것의 일본어판인데, 풍부한 연속 사진에 의해 공수의 실기를 알기 쉽게 해설하고 있다. '나카야마 공수'의 진수를 아는 데 이 이상의 책은 없다고 믿어 의심치 않는다.

社團法人 日本空手協會 專務理事
庄司 寬

책 머리에

　공수도(空手道)는 지난 십 수년 사이 전세계에 급속히 보급되고 있으며, 젊은 학생들은 말할 것 없고, 다수의 대학교수·예술가·실업가·공무원 등 각계 각층의 지도층에까지 매우 광범위하게 확대되고 있다. 구미(歐美)의 대학 등에서 정규 체육과목으로 채택하는 데가 증가하고, 군대나 경찰에도 보급되고 있는 것이 현실이다. 그저 단순한 격투기술로만 습득하는 것이 아니라, 높은 이념에 입각한 동양적인 무도로 추구함으로써 정신의 양식을 삼으려는 노력은 여간 기쁜 일이 아니다.

　그러나 한편 이것이 공수인가 하고 고개를 갸웃거리게 하는 치고 막기나, 차고 막기의 폭력공수, 또는 머리와 손과 발로 물건을 빠개는 공수 쇼라는 것도 나타나고, 복싱에 차기를 가미한 것만으로, 이것이 공수의 시합으로서 판을 치고 있는 일면은 참으로 어처구니없는 일이다. 또 중국의 권법이나 오키나와(沖繩)의 고무술도 일본적으로 완성된 공수도와 동일시하는 경향이 있는 것도 유감스러운 일이다. 공수도에는 오랜 세월 동안에 완성된 격조 높은 여러 가지의 형(形)이 있고, 그 형 자체에 포함되는 공방의 기본기를 유효하게 활용하기 위한 정신적인 요소가 중요하다.

　공수는 몸에 전혀 무기를 지니지 않고 일권일축(一拳一蹴), 순간에 적을 쓰러뜨리는 오키나와의 고무술에서 발전한 것이다. 기술보다도 심술(心術)에 무게를 두고, 평소는 예양(禮讓) 속에 체력을 단련하며, 정의를 위해 전력을 다해 싸우는 것이 진정한 공수도이다. 후나고시(船越) 선생이 가르친 대로, 안으로 부앙천지(俯仰天地)에 부끄럽지 않은 마음을 닦고, 밖으로는 맹수도 습복(慴伏)시키는 위력이 있어야 한다. 마음도 기량면(技倆面)을 겸해야 완전한 공수도라고 할 수 있다.

　체육의 호신(護身)으로서 육성되고 발전했던 공수도는 체조 시합적(試合的) 스포츠 공수로서의 새 분야로 개발, 활성화되고 있다. 그러나, 다만 시합에 이기는 것에 급급한 나머지 기본기를 충분히 구사하지

못하거나, 순서에 따른 연습도 하지 않고 함부로 자유대련 또는 대결에만 치우치기 때문에 공수 특유의 날카롭고 시원스러운 강한 위력감의 지르기나 차기 등이 모자라고, 따라서 기본기 자체도 자칫 시합을 위한 요령 본위의 연습이 되기 십상이다. 선수가 되고 싶다, 선수를 빨리 키우고 싶다는 열의는 이해할 만하나, 이는 선수나 지도자 다 같이 크게 반성할 점이라 여겨진다. "바쁘면 돌아가라"는 속담처럼 한걸음씩 착실하게 올바른 기본기의 습득에 힘써야 할 것이다.

시간적으로 얼마간 빨리 자유대련에 익숙해지고 시합요령을 어느 정도 파악했어도, 어떻든 묵묵히 착실하게 연습한 사람을 능가하기는 어렵다. 최근 시합에 이긴다는 것에 집착한 나머지 기본기의 진지한 단련에서 얻어지는 기백과 위력이 똑같이 떨어지고, 또 함부로 용맹스러움을 과시해, 공수도인으로서의 가장 소중한 예절마저도 잃어가고 있는 사람들을 간혹 볼 때마다 한편 서글픈 감정에 빠지곤 한다.

이런 생각에서 나의 45년 간에 걸친 공수도 수행의 경험을 충분히 살리고, 기본기를 분석하고, 체계화하고, 또한 사진을 위주로 복잡한 몸놀림을 쉽게 이해할 수 있을 만한 근대적인 텍스트를 동호인들에게 선물할 것을 생각해 왔다. 그 염원을 이룬 것이 「공수도 신교정(空手道新敎程)」이다. 그런데 그것을 이번에 많은 동호인들의 요망에 부응하여 공수도의 전반이 보다 구체적으로, 보다 쉽게 익힐 수 있도록 다시 원고를 썼다. 동호인 여러분들의 욕구에 충족될 수 있기를 기대해 마지않는다.

著者　中山正敏

■ 공수도란?

- 승패를 궁극의 목적으로 삼는 무술이 아니라, 유형무형의 시련을 이겨내고 연마한 땀 속에서 인격완성을 꾀하려는 것이다.
- 도수공권(徒手空拳), 손과 다리를 조직적으로 단련하여 마치 무기와 같은 위력을 발휘시켜, 그 일돌일축(一突一蹴), 능히 불시의 적을 제압하는 호신술이다.
- 사지오체(四肢五体)를 전후・좌우・상하로 균등하게 움직이고, 또한 굽혀펴기・도약・평형 등의 모든 동작을 숙달하는 신체활동이다.
- 의지력에 의해 잘 제어된 기술을 사용하고, 정확하게 목표를 포착하여 순식간에 최대의 충격력을 폭발시켜서 기술을 서로 겨루는 격투기이다.(목표를 인체 급소의 바로 앞에 가정한다.)

■ 공수도 기술의 본질

공수도 기술의 본질은 기술을 끝내기하는 것이다. 적절한 기술을 목표로 삼는 부위로, 최단시간에 최대한의 충격력으로 폭발시키는 것이며, 이것을 끝내기라고 한다. 옛날에는 무시무시한 표현으로 일권필살(一拳必殺)이라는 말로 쓰였다. 진지하게 볏짚 묶음을 상대로, 단련에 이은 단련의 매일이었다. 끝내기는 지르기・치기・차기는 말할 것 없고, 막기에도 빼놓을 수 없는 요소이다. 끝내기가 없는 기술은 아무리 움직임이 공수와 비슷해도 절대로 공수라고는 할 수 없다. 공수의 시합에서도 예외가 아니다.

바로 앞 그치기(寸前中止)라는 말이 있다. 목표 바로 앞에서 기술을 그친다는 뜻이다. 겨루기의 시합에서는 대전(対戦) 상대에게 맞히는 것은 위험 방지를 위해 반칙으로 삼고 있다. 하지만 여기에 문제가 있다. 그친다는 것과 끝내기한다는 것은 매우 달라서, 하늘과 땅만큼의 차이가 있다. 목표 직전에서 단지 기술의 움직임을 그치면 되는 것이라면 공수의 본질에서 벗어난다. 목표 바로 앞에서 그친다는 생각이 아니라, 목표를 육체의 급소 바로 앞에 설정하고, 거기에 컨트롤 좋게 최대의 충격력을 폭발시켜서 포인트를 얻어 승패를 겨루는 것이다.

그러기 위해서는 평소의 진지한 수련과 단련이 중요해, 신체의 전부를 무기화하고, 각각의 무기를 뜻대로 움직일 수 있게 하는 자기제어가 필요하며, 남에게 이기기 전에 자기를 이기는 것이 중요하다.

공수도에 있어서의 형(形)

어느 형이나 모두 막는 쪽에서 시작하고 있다. 이것은 "공수에는 선수(先手)가 없다"는 정신을 단적으로 표현하는 것이다. 이 훈계는 공수도를 한마디로 다 말했다고 단언할 수 있다. 예부터 공수는 군자의 무술로 일컬어, 적의 공격을 받고서야 비로소 만부득이하게 맹훈련한 손과 다리를 갖고 대응하는 것으로, 늘 겸손한 마음과 온화한 태도로 사람을 접해야 한다는 가르침이다. 마음과 기술, 안팎을 겸비해야만 참다운 공수도라고 할 수 있다.

형이란?

형은 막기·지르기·차기의 기본기를 합리적으로 조직 구성한 것이며, 사방팔방에 적을 가상하고, 정해진 연무선(演武線)을 전진 후퇴하거나 전신(転身)하면서 연무하는 것이다. 일거수일투족, 모두가 공방무기(武技)의 음수이고, 무의미한 동작은 하나도 없다. 예부터 공수의 수련은 형을 중심으로 삼아 행하여지고, 그 각각의 형은 옛 명인들이 오랜 동안의 수련과 귀중한 체험에 의해 짜내고 심혈을 기울여 완성한 것이다.

현재 전해지고 있는 종류는 무릇 50여 종이나 되는데, 아주 오랜 전통을 갖고 있는 것, 비교적 새로운 시대에 완성된 것, 또는 중세에서 근세에 걸쳐 중국에서 전해진 것으로 간주되는 것도 있다. 간단한 것, 복잡한 것, 긴 것, 짧은 것 등 여러 가지가 있으며, 모두 제각기의 특징을 갖고 있으나, 크게 두 가지로 나눌 수 있다. 하나는 소박중후(素朴重厚)하고 웅대한 느낌이 드는 것으로, 체력을 단련하고 근골을 단련하는 데에 적합한 것, 또 하나는 준민비연(俊敏飛燕)과 같은 느낌이 드는 것으로, 경첩기민(軽捷機敏)한 빠른 기술을 습득하는 데에 적합

한 것이다.

형에 숙달함으로써 저절로 일신의 위급에 임해서 응변(応変)할 수 있는 호신(護身)의 기술을 터득하게 된다. 게다가 형 자체가 완전한 전신운동이며, 굽혀펴기·도약·평균운동 등의 온갖 요소를 포함하고 있기 때문에 체육상 이상적인 운동으로 일컬어지고 있다. 형은 자신의 체력에 따라 진지하게 배울 수 있고, 단시간이건 장시간이건, 단독이건 집단이건간에 연습할 수 있는 특색을 갖고 있으므로, 노소남녀를 막론하고 또 어떤 환경에 있어도 이 길에 정진할 수 있다.

형을 잘 연무하기 위한 마음의 준비

■ 예(礼)와 태도

예로 시작해서 예로 끝난다. 형을 연무하는 전후에는 반드시 한번 가볍게 인사를 한다. 양측 발뒤꿈치를 합친 모아서기로, 두 손바닥은 가볍게 대퇴에 접하도록 하고, 자연스럽게 바른 자세로 몸을 약간 앞으로 굽혀서 예를 한다. 눈은 정면을 주시하고, 형식만의 것이 아니라 자세를 올바르게 예양·예절을 아는 마음에서의 예가 아니면 안 된다. 스승 후나고시 선생은 공수도를 수련하는 사람은 첫번째로 예의를 중요시해야 한다, 예의를 잃은 공수는 이미 공수도의 정신을 잃고 있다, 예의는 단지 수련 때만 아니라 행주좌와(行住坐臥) 어떤 경우에도 중요시해야 한다는 말을 하고 있다. 또 어떤 장소에서 연무하더라도 겸양하는 마음과 온화한 태도와 두려워하는 일 없이 당당한 태도여야 한다. 괜히 비굴해지거나 뽐내보기도 하는 것은 당치 않은 일이다. 단단하면서도 부드럽고, 부드러우면서도 단단한 유즉화(柔即和), 강즉화(剛即和), 이를테면 유강은 언제나 화로 귀일한다. 예의·예양·예절은 공수도 수련의 제일의(第一義)이다.

■ 겨누기와 마음의 자세 (준비와 바로잡기)

연무선의 중앙 한복판에서 예를 하면, 조용히 좌족부터 먼저, 다음에 우족을 좌우로 벌리고(중앙 좌측 끝에서 예를 하면 좌족은 그대로, 우족을 우측으로 벌리고) 팔자서기 자연체가 되고, 준비자세를 취하여 겨눈다. 또 발 모아서기로 겨눌 경우에는 그대로 발끝을 합친다. 겨눔이 있어도 겨눔이 없다고 말하는 것처럼 의식과잉(意識過剩), 딱딱하게 힘을 준 겨누기는 순간적으로 적절한 동작을 할 수 없다.

어깨・무릎관절의 힘은 빼고, 곧바로 어떤 변화에도 대응할 수 있도록 신속히 움직일 수 있는 릴랙스한 대련이 필요하다. 다만 아랫배는 죄고, 이른바 단전에 힘을 주고 조용히 호흡을 가다듬어 마음을 진정시켜 기력・체력의 충실을 꾀하는 것이 극히 중요하다. 이와 같이 형의 마지막 거동을 끝내도 바로 힘을 빼어 진정하지 못하는 것은 절대 삼가야 한다. 잠시의 방심도 없이 언제든지 돌발적인 변화에 응할 수 있도록 기력을 충실케 하고, 조용히 처음의 준비자세로 되돌아가는 것이 중요하다. 매사는 모두 끝이 중요하다. 도중이 아무리 훌륭해도 마지막 결말이 흐트러지게 되면 아무 소용이 없다. 예부터 일본 무도에서는 적의 반격에 대비하는 마음의 준비가 중요시되고 있다. 공수도 수행자는 실기수련에서는 말할 것 없고, 일상생활에 있어서도 다음에 대비하는 마음의 준비가 반드시 필요함을 명기(銘記)해야 한다.

형을 연무하자면

■ 순서는 올바르게 틀리지 않도록 한다
형에 따라 20거동 40거동이라는 식으로 동작의 수가 정해져 있다. 그 거동을 순번으로 연무하는 것이다. 순번이 틀리는 것은 의미가 없다.

■ 연무선을 정확히 진퇴하도록 한다
형을 연무하기 위해 필요한 전후・좌우에의 진퇴 전신(転身)을 나타내는 노선을 연무선이라고 하고, 연무개시의 위치에서 출발해 정해진 노선을 이동하여 종료 위치에 도착하는데, 개시・종착 위치는 반드시 동일점이 되고 있다. 미숙해서 발의 위치가 틀리거나 보폭이 정확하지 않으면 동일점에 되돌아오지 못한다. 정성들여 연습할 필요가 있다.

■ 각 거동・동작의 의미를 명확히 이해하고 표현하도록 한다
형 안에 있는 일거수일투족은 모두 공방의 동작이다. 하나의 형에는

많은 공방기술이 담겨져 있으므로, 각각에 대하여 제대로 하려고 하는 의미를 명확히 이해하고, 형대로 표현하지 않아서는 효과가 나지 않는다.

■ 목표를 올바르게 파악하도록 한다

어디에서 어떻게 공격을 당하고 있는 것인지, 어디를 목표로 반격하는 것인지, 그 목표를 올바르게 파악하는 것이 극히 중요하다. 따라서 언제나 목표에서 눈을 떼면 안 되고, 다음 목표에 정확히 눈을 돌리는 것이 필요하다.

■ 형의 특징을 살려 연무하도록 한다

형 안의 각 거동의 의미를 부분적으로 명확히 이해하는 것과 같이, 그 형 전반의 특징을 살려 연무해야 한다.

각각의 형의 특징을 파악하고, 어떤 형은 웅대하게, 어떤 것은 경묘(輕妙)하게 한다.

■ 형에는 시작에서 끝까지 피를 통하도록 한다

개시에서 종료까지 한 거동 한 동작은 서로가 관련되어 있다. 각 공방의 동작이 외따로 독립해 있는 것이 아니므로, 각 기술의 종료는 제각기 다음 기술에 이어지고 있는 것이다. 한번 형을 연무하기 시작하면 마지막까지 하나의 흐름을 만들고, 피를 통하게 해야 한다.

■ 형에 리듬을 주는 세 가지 요체(要諦)를 잊지 않도록 한다

뛰어난 무도, 스포츠 실기는 매우 리드미컬하고 아름답다. 리듬이 없으면 미(美)는 생겨나지 않고, 단순한 리듬이면 상대에게 이용당하고 만다. 형의 미와 힘, 리듬은 '힘의 강약' '기술의 완급' '몸의 신축'에서 생겨난다. 이 세 가지 요체는 형을 연무하는 데에 절대 필요한 것이다.

함부로 너무 힘을 주거나, 무턱대고 빨리 연무해도 절대로 참다운 강함, 능란함은 생겨나지 않는다. 힘을 주어야 할 곳에 힘을 주고, 빼야 할 곳은 빼는 요령을 터득해야 한다. 빨리 해야 하는 곳을 느리게 연무하는 것은 리듬을 흐트리고 만다.

형의 수칙(守則)

① 효과를 서둘러 너무 성급하면 안 된다.
② 열중하기 쉽고, 차가워지기 쉬운 것은 금물이다.
③ 노력의 축적이 필요하다.
④ 싫증내지 말고, 일정시간 연습을 계속하는 것이 중요하다.
⑤ 잘하고 잘못하는 것이 있어도, 잘못하는 형을 버리고 돌아보지 않는 것은 좋지 않다. 잘못하기 때문에 더욱 연습을 거듭해야 한다.
⑥ 형과 대련의 상호관계를 고려하면서 연습한다.

오십사보 대(五十四步 大)

겨누기

| 1 | 우 등주먹 상단 (세로)돌려치기
좌권 오른팔꿈치밑에 곁들인다 |

우권을 턱에서 앞이마로 세로 일직선으로 크게 돌리면서.

자연체 팔자서기

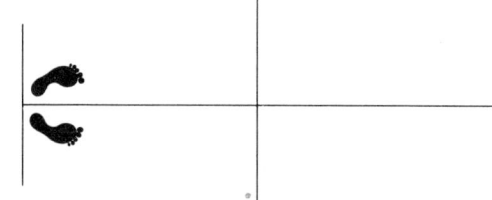

우 전굴자세

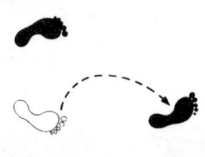

제1장 오십사보 대 21

2 중단 양수막기
(팔꿈치를 편다, 양쪽 손등 바깥쪽 향하기)

양권 우측 허리에서부터 좌측 비스듬히 앞쪽으로, 천천히 차츰 힘을 가하고 내지른다.

3 중단 양수막기

양권 좌측 허리에서부터 우측 비스듬히 앞쪽으로, 천천히 차츰 힘을 가하고 내지른다.

좌 전굴자세

우 전굴자세

제 1 장 오십사보 대 23

4 왼손바닥 중단 (세로)수도막기

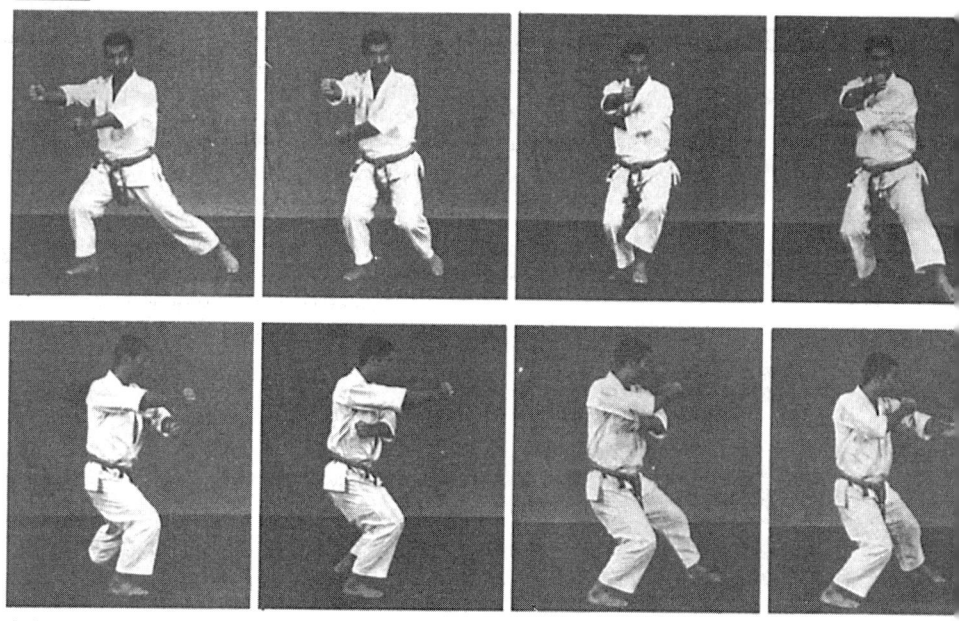

우측 겨드랑이 밑에서부터 좌측 비스듬히 앞쪽으로, 천천히 차츰 힘을 가한다.

5 우 중단 (역)지르기

6 좌 중단 (바로)지르기

5, 6거동은 연속지르기, 한 호흡으로 계속해서 빠르게.

좌 전굴자세

7 우 중단 앞차기

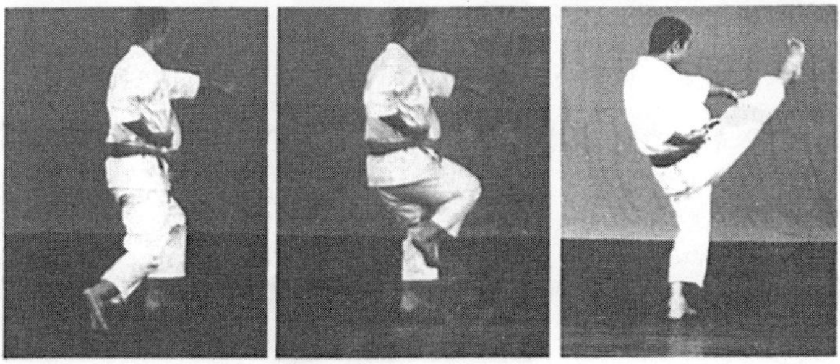

좌측 다리서기

차는 발을 뒤쪽으로 당기고.

8 우 중단 (역)지르기

좌 전굴자세

7, 8거동은 한 호흡으로 계속해서 빠르게.

10 좌 중단 (역)지르기

우 전굴자세

9 오른손바닥 중단 (세로)수도막기

좌측 겨드랑이 밑에서부터 우측 비스듬히 앞쪽으로, 천천히 차츰 힘을 가한다.

11 우 중단 (바로)지르기

10, 11거동은 한 호흡으로
연속지르기

12 좌 중단 앞차기

차는 발을 뒤로 당긴다.

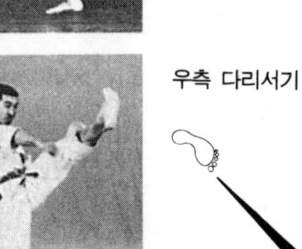

우측 다리서기

13 좌 중단 (역)지르기

우 전굴자세

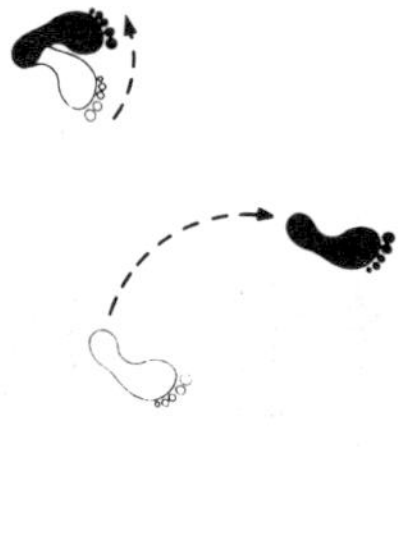

15 오른손바닥 아구 하단 쑥 내밀기
왼손바닥 잡아채어 막기

우 전굴자세

| 14 | 우측 팔꿈치 올려치기

우족을 정면으로 문질러내기.

좌 전굴자세

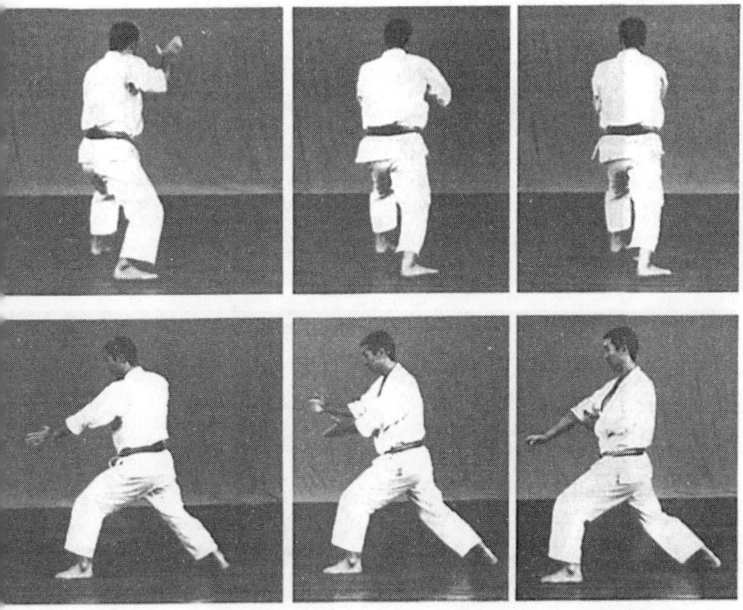

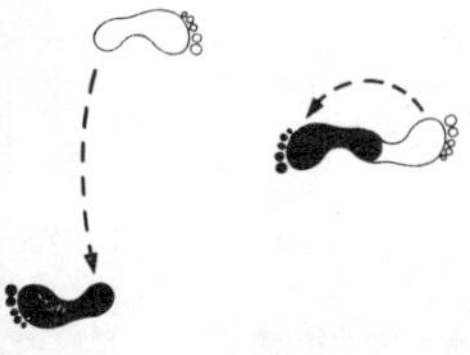

왼손바닥으로 앞쪽 비스듬히 밑에서 잡아채듯이. 우 전굴자세에서
우측 다리를 축으로 허리를 좌회전, 뒤쪽으로 돌아다본다.

| 16 | 우측 계두 중단막기 (우측등 바깥쪽 향하기, 왼손바닥등 위쪽 향하기) 왼손바닥 오른팔꿈치밑에 곁들인다

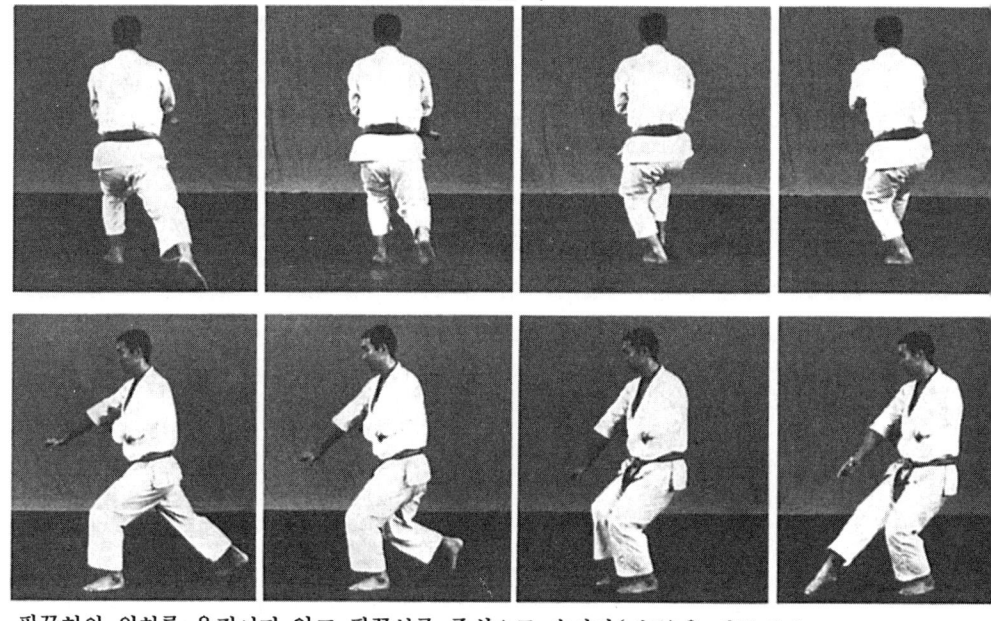

팔꿈치의 위치를 움직이지 않고 팔꿈치를 중심으로 손바닥(계두)을 안쪽에서 부터 돌리는 듯하게 앞팔을 세운다. 우족을 앞쪽으로 안쪽에서부터 반원을 그리면서 반 걸음 문질러낸다. 천천히 손과 다리를 동시에 움직인다.

| 17a | 우측 계두 우측 귀옆

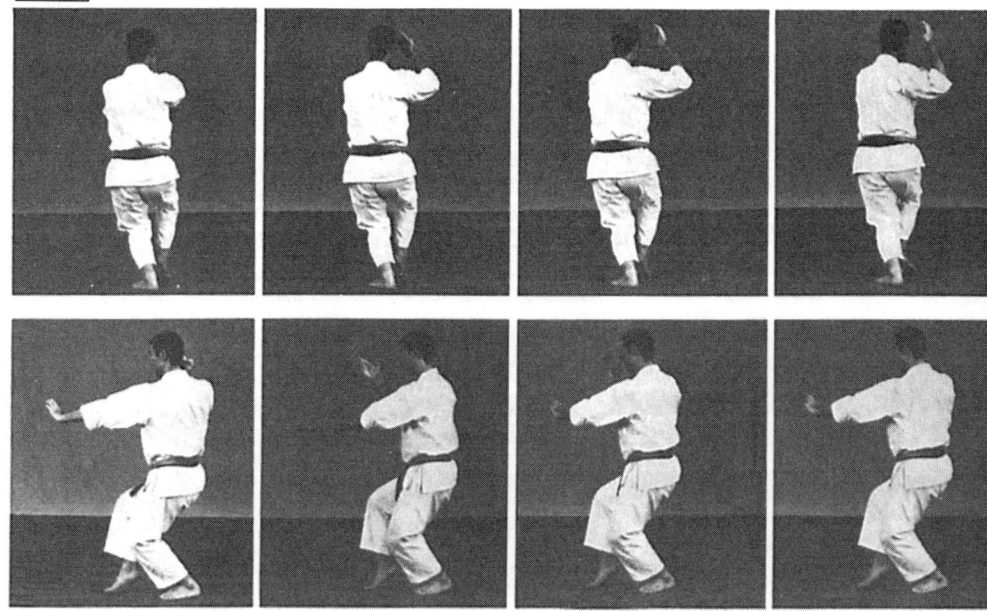

일단, 상체만 우측으로 비틀면서 동시에, 왼손바닥을 앞쪽 중단으로 가볍게 뻗고, 우측 계두를 우측 귀옆으로 올린다.

 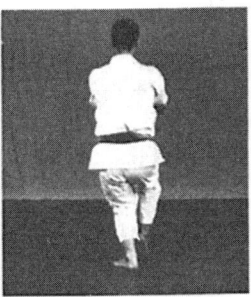 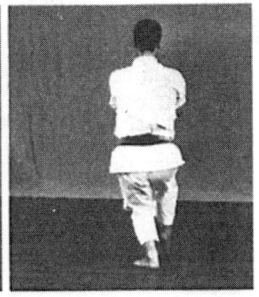

우족 앞 반후굴자세

| 17b | 우측 한 관수 중단 떨어뜨려 지르기
왼손바닥 오른팔꿈치 안쪽에 곁들인다 (일권) |

  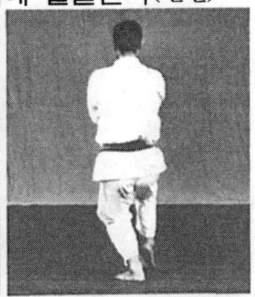

우족 앞 반후굴자세

팔꿈치를 중심으로 앞팔을 넘어뜨리는 듯하게, 크게 앞쪽으로
보내기 발인 듯이 내딛는다.

제 1 장 오십사보 대 31

| 18 | 좌측 한 관수 중단 떨어뜨려 지르기
우측 일권 왼팔꿈치 안쪽에 곁들인다

좌측 일권, 우측 앞팔 안쪽을 문질러내면서
떨어뜨릴 듯하게 지른다.

| 20 | 우측 계두 중단막기(손등 바깥쪽 향하기)
왼손바닥 오른팔꿈치밑에 곁들인다(손등 위쪽 향하기)

팔꿈치의 위치를 움직이지 않고, 팔꿈치를 중심으로 앞팔을 세운다(손바닥을
안쪽에서부터 돌리는 듯하게). 좌측 다리를 축으로 허리를 좌전, 뒤쪽 정면으로
돌아다본다.

| 19 | 우측 한 관수 중단 떨어뜨려 지르기
좌측 일권 오른팔꿈치 안쪽에 곁들인다 |

18, 19거동은 한 거동처럼 계속해서 빠르게.

우족 앞 반후굴자세

우족을 정면으로 안쪽에서부터 반원을 그리면서 반 걸음
문질러낸다. 천천히 손과 다리를 동시에 움직인다.

|21a| 우측 계두 우측 귀옆

일단, 상체만 우측으로 비틀면서 동시에 왼손바닥을 앞쪽으로 가볍게 뻗고, 우측 계두를 우측 귀옆으로 올린다.

|22| 좌측 한 관수 중단 떨어뜨려 지르기
우측 일권 왼팔꿈치 안쪽에 곁들인다

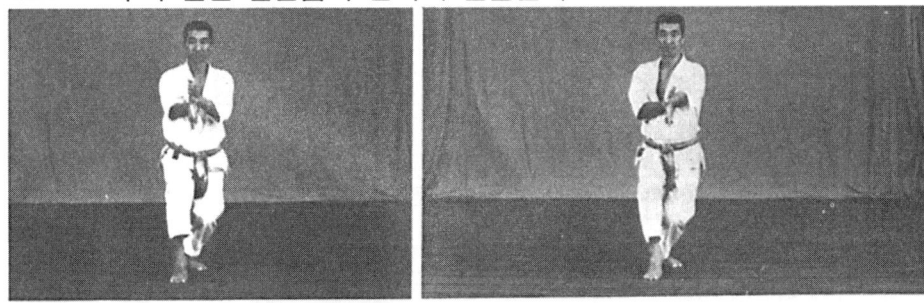

| 21b | 우측 한 관수 중단 떨어뜨려 지르기
왼손바닥 오른팔꿈치 안쪽에 곁들인다

우측 앞 반후굴자세

크게 앞쪽으로 보내기 발인 듯이 내딛는다.

| 23 | 우측 한 관수 중단 떨어뜨려 지르기
좌측 일권 오른팔꿈치 안쪽에 곁들인다

22, 23거동은 한 호흡으로 빠르게.

| 24 | 좌 배도 하단막기
우 수도 명치앞 겨누기 (양쪽 손등 아래쪽 향하기) |

우측 다리 축, 허리를 좌전, 좌족을 우족에 나란히 한다.

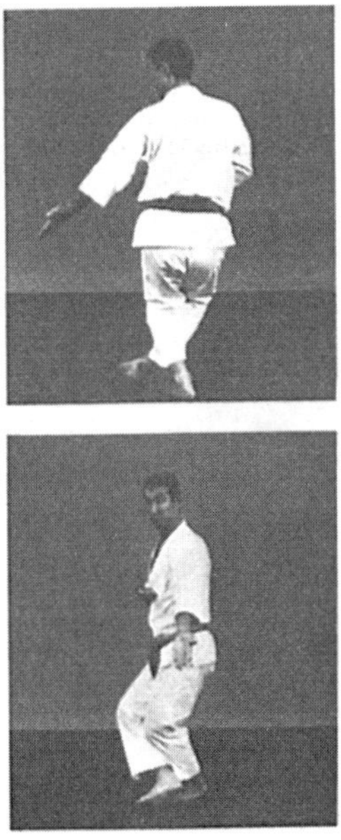

| 26a | 양손바닥 우측 비스듬히 위쪽으로 봉
(양손바닥 아구를 벌린다) |

우족 앞 교차서기

좌측 무릎 가슴 앞에 올린다. 오른손바닥등 아래쪽 향하기, 비스듬히 위로 높게, 왼손바닥등 위쪽 향하기, 우측 어깨 앞

양권 거동24인 채

기마자세

우족을 좌족 앞에 교차한다.

26b 양권 세게 좌측 비스듬히 하단막기

기마자세

좌족 좌측 방향으로 세게 뛰어든다. 좌권등 위쪽 향하기, 좌측 하단으로. 우권등 아래쪽 향하기, 좌측 허리 앞으로.

제1장 오십사보 대 37

| 27 | 우 배도 하단막기
좌 배도 명치앞 겨누기

| 29a | 양권 좌측 비스듬히 위쪽으로 봉막기(양손바닥 아구를 벌린다)
(왼손바닥등 아래쪽 향하기, 오른손바닥등 위쪽 향하기)

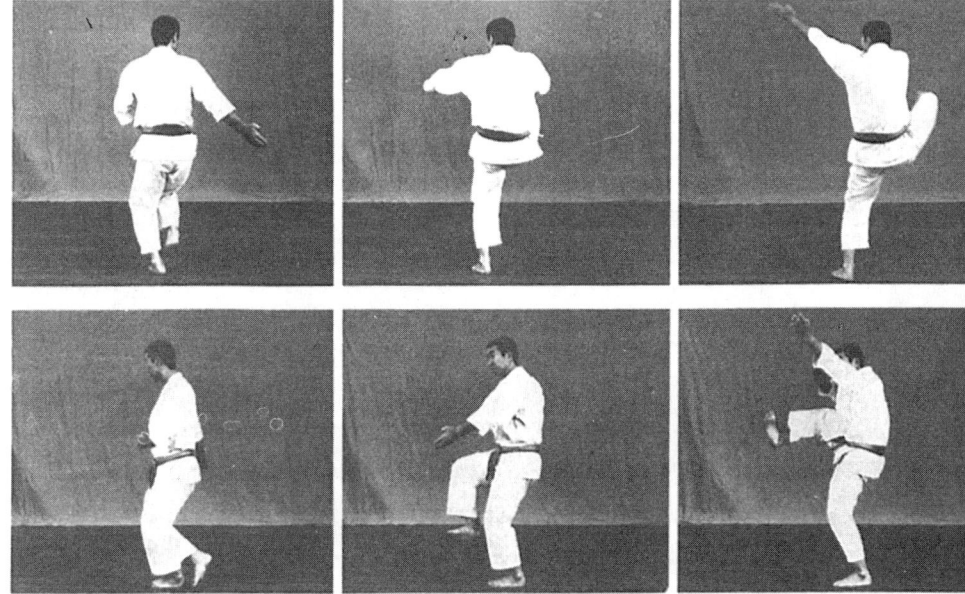

우측 무릎, 우측 가슴 앞으로 올린다.

28 양손바닥 거동27인 채

좌족 앞 교차서기

29b 양권 세게 우측 비스듬히 하단막기

기마자세

우족 우측 방향으로 세게 뛰어든다.

제 1 장 오십사보 대 39

| 30 | 우측 계두 중단막기(등 바깥쪽 향하기)
왼손바닥 오른팔꿈치밑에 곁들인다(손등 위쪽 향하기)

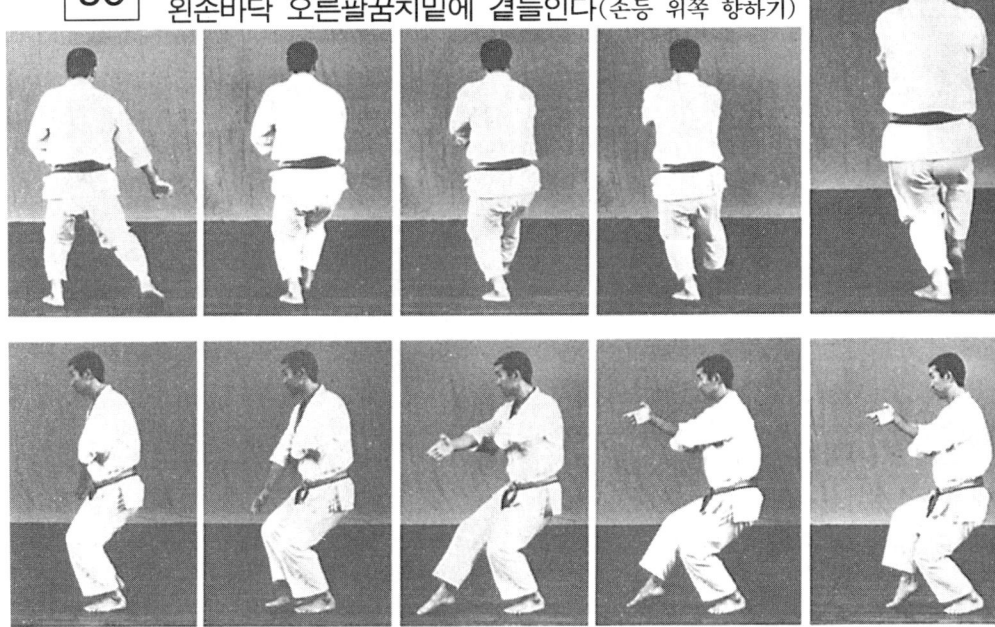

16거동의 요령으로, 천천히 손과 다리를 동시에.

| 31b | 우측 한 관수 중단 떨어뜨려 지르기
왼손바닥 오른팔꿈치 안쪽에 곁들인다

우족 앞 반후굴자세

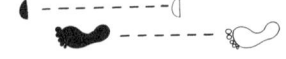

크게 앞쪽으로 보내기 밟인 듯이 내딛는다.

31a 우측 계두 우측 귀옆

우족 앞 반후굴자세

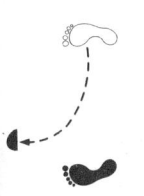

일단, 상체만 우측으로 비틀면서, 동시에 왼손바닥을 앞쪽 중단으로 가볍게 뻗고 우측 계두를 우측 귀옆으로 올린다.

32 좌측 한 관수 중단 떨어뜨려 찌르기
우측 일권 왼팔꿈치 안쪽에 곁들인다

33

우측 한 관수 중단 떨어뜨려 찌르기
좌측 일권 오른팔꿈치 안쪽에 곁들인다

32, 33거동은 한 호흡으로 빠르게.

34

우측 네 관수 하단 (낭심)찌르기
좌권 좌측 허리

35

우 등주먹 상단 (세로)내려치기
좌권 좌측 허리

   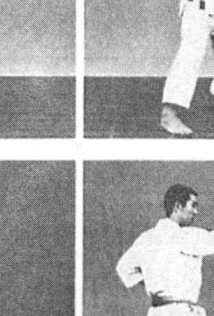

우측 정면에 반월형으로 한 발 문질러내면서, 팔꿈치를 중심으로 우권을 크게
원을 그려 발다루기에 맞춰서 천천히 돌린다.

좌 전굴자세

우측 다리 축, 허리를 좌전, 뒤쪽으로 돌아다보고.

우 전굴자세

제 1 장 오십사보 대 43

| 36 | 좌측 네 관수 하단 (낭심)찌르기
우권 우측 허리

| 38 | 우측 취수 하단 떨어뜨려치기
(손등 위쪽 향하기)

우족을 크게 한 발 앞쪽으로 문질러낸다. 우측 취수를 머리 위에서 크게 돌리면서, 밑으로 내동댕이치듯이, 손목의 탄력을 살려서 친다. 손과 다리를 동시에.

| 37 | 좌 등주먹 상단 (세로)내려치기
우권 우측 허리

좌 전굴자세

좌족을 반월형으로 한 발 앞으로 문질러낸다. 거동 35의
요령으로 손과 다리를 동시에 천천히.

| 39 | 우측 취수 상단 질러올리기

우 전굴자세

팔꿈치를 중심으로 탄력을 살려서.

| 40 | 우측 취수인 채 / 좌 상단 앞차기

우측 다리서기

| 41b | 우권 뒤쪽 하단막기
왼팔굼치 상단 돌려치기

좌 전굴자세

우측 다리 축, 허리를 좌전, 좌측 차는 발을 뒤쪽으로 내리면서, 뒤 정면으로 돌아다본다. 좌권을 뽑아내듯이 왼팔굼치를 좌측 어깨 비스듬히 위로. 상체는 약간 비스듬히 넘어뜨린다.

41a 우권 좌측 어깨로 당기기
좌권 중단지르기

좌측 차는 발을 당기면서.

42 우측 계두 중단막기 (손등 바깥쪽 향하기)
왼손바닥 오른팔꿈치밑에 곁들인다 (등 위쪽 향하기)

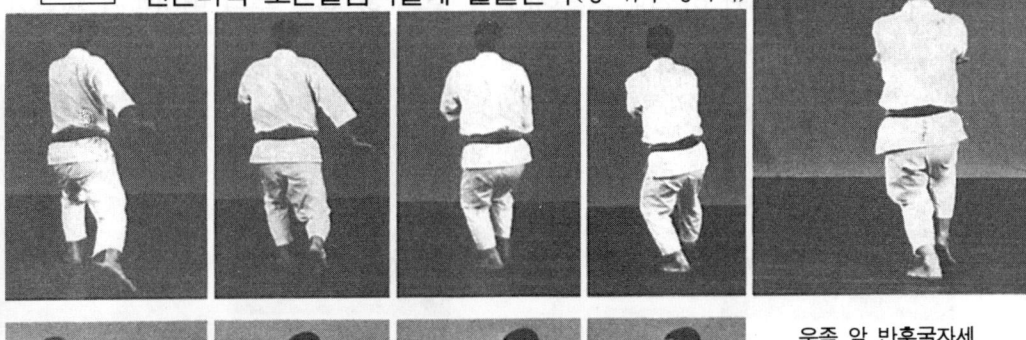

우족 앞 반후굴자세

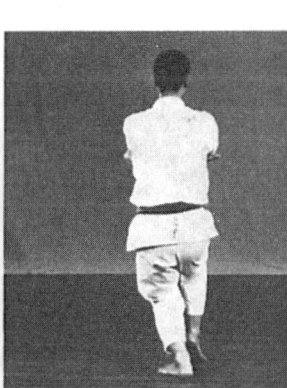

우족을 반월형으로 반 걸음 문질러낸다. 천천히 손과 다리를 동시에.

제 1 장 오십사보 대 47

43a 우측 계두 우측 귀옆

일단, 상체만 우측으로 비틀고, 왼손바닥을 앞쪽 중단으로 가볍게 뻗고, 우측 계두를 우측 귀옆으로 올린다.

좌측 한 관수 중단 떨어드려 찌르기
우측 일권 왼팔꿈치 안쪽에 곁들인다

44

우족 앞 반후굴자세.

우측 한 관수 중단 떨어뜨려 찌르기

45

우족 앞 반후굴자세.

43b 우측 한 관수 중단 떨어뜨려 찌르기
왼손바닥 오른팔꿈치 안쪽에 곁들인다

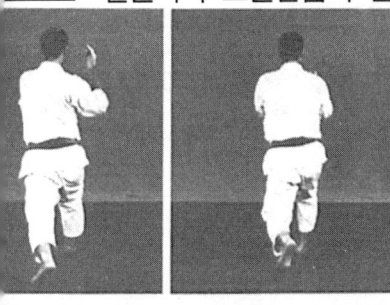
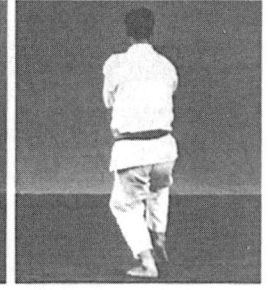

우족 앞 반후굴자세

한 발 앞쪽으로 뛰어든다.

46 좌 배도 하단막기
우 수도 명치앞 겨누기 (양쪽등 아래쪽 향하기)

기마자세

우측 다리 축, 허리를 좌전, 좌족을 우족에 나란히 한다.

| 47 | 양권 거동46 그대로

우족 앞 교차서기

| 48b | 우측 네 (세로)관수 중단찌르기
왼팔꿈치옆 뻗어 좌측 허리겨누기(등 앞쪽 향하기)

기마자세

좌족 좌측 방향으로 뛰어든다.

| 48a | 좌 (세로)배도 중단 팔막기
우권 우측 허리

우측 다리서기

좌측 무릎, 좌측 가슴 앞으로 낀다.

| 49 | 우 배도 하단막기
우 수도 명치앞 겨누기(양쪽 등 아래쪽 향하기)

50 양손바닥 그대로

51a 좌 (세로)수도 중단 팔 우권 우측 허리

조용히.

우측 무릎 우측 가슴 앞으로

52 우 등주먹 상단 (세로)내려치기 좌권 오른팔꿈치밑에 곁들인다

기마자세

우족을 반월형으로 앞에 문질러낸다. 천천히 손과 다리를 동

51b 우측 네 (세로)관수 중단찌르기
윈팔꿈치옆 뻗어 좌측 허리겨누기

우족을 우측 방향으로 세게 뛰어든다.

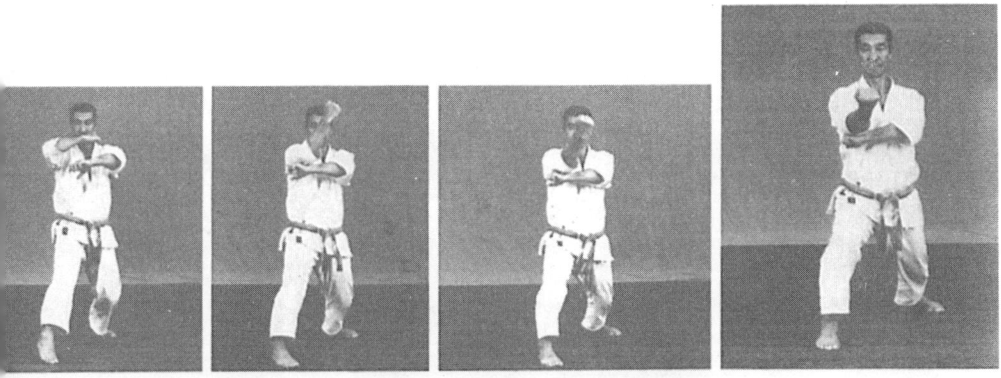

우 전굴자세

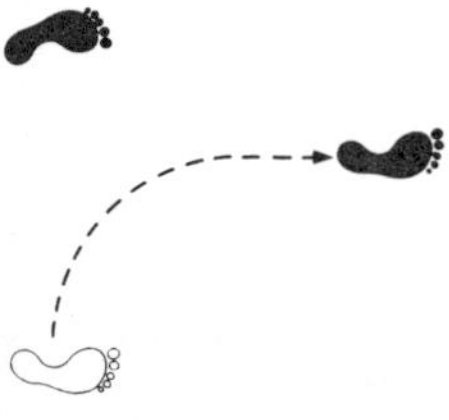

| 53 | 좌 권추 중단 옆치기 / 우권 우측 허리

우족을 뒤쪽으로 당기고, 방향을 바꾼다.

| 54 | 우권 중단 (바로)지르기 / 좌권 좌측 허리

우족을 한 발 앞쪽으로 문질러낸다.

기마자세

우 전굴자세

제1장 오십사보 대

55　양권 양쪽 유방앞 겨누기

자연체

우측 다리 축, 허리를 좌전, 좌족을 당기고 팔꿈치를 옆쪽으로 뻗는다.

57　양권 양쪽 유방앞 겨누기

팔꿈치를 옆쪽으로 뻗는다.

56 양권추 뒤쪽 중단 끼워치기

세게 허리를 뒤쪽으로 당긴다.

58 양권 그대로

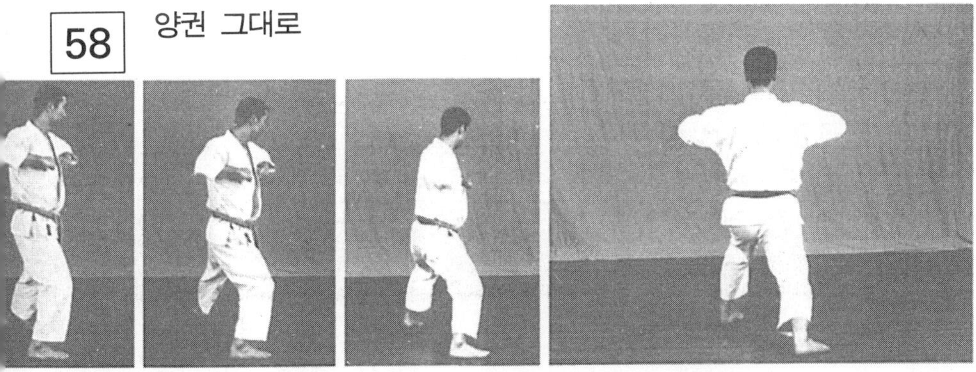

좌 전굴자세

우측 다리 축, 허리를 좌전, 뒤 정면으로 돌아다본다.

59 양손바닥 밀어제쳐 하단막기
(손등 바깥쪽 향하기)

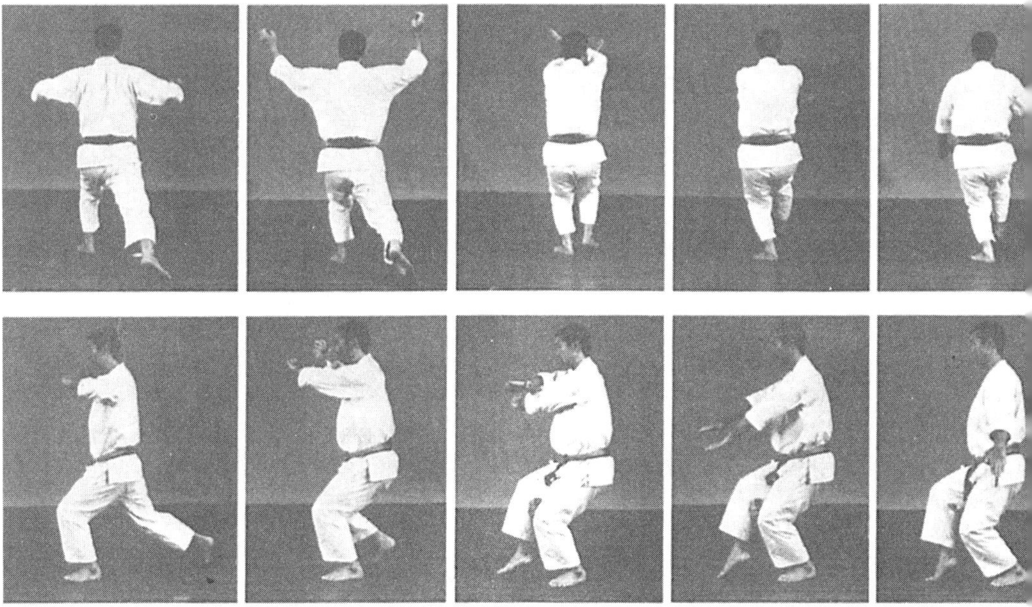

우족을 반월형으로 앞쪽에 문질러낸다. 천천히.

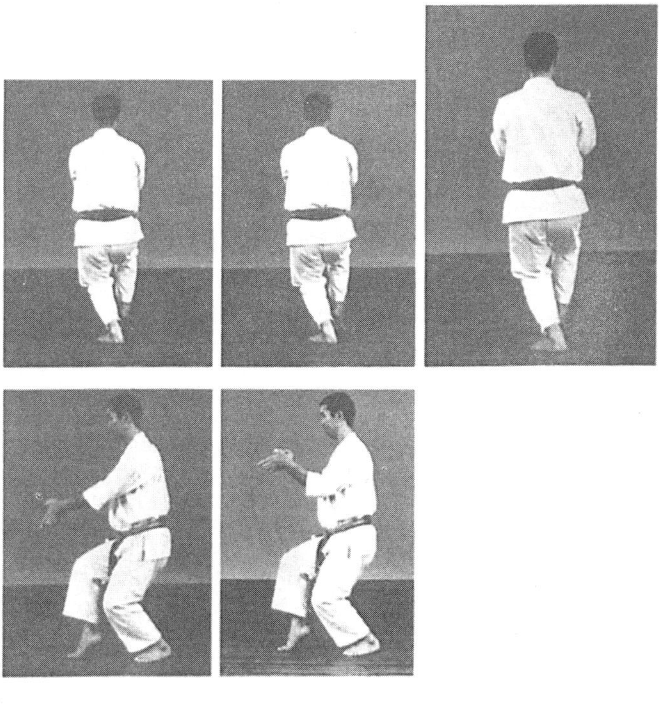

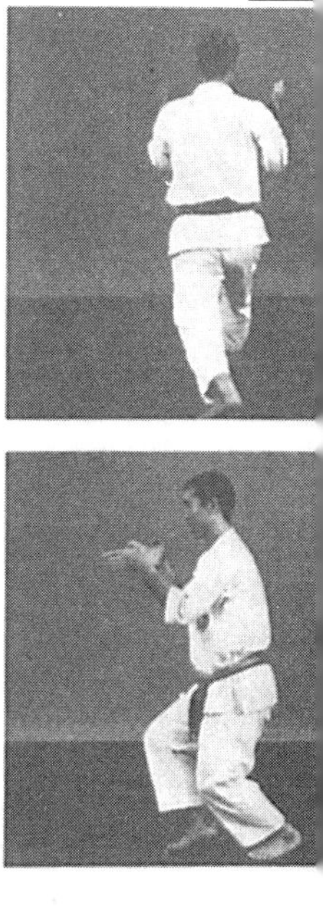

우족 앞 반후굴자세

| 60 | 양쪽 계두 중단막기 |

 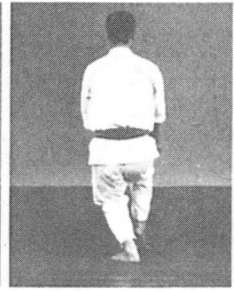 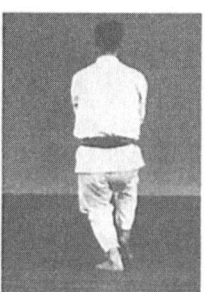

팔꿈치를 중심으로 앞팔을 세우고, 천천히(안에서 밖으로 벌리는 기분으로).

족 한 관수 (중단)떨어뜨려 지르기

 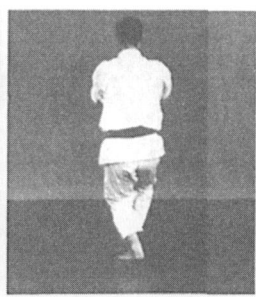 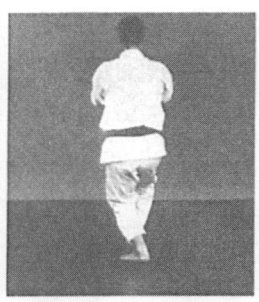 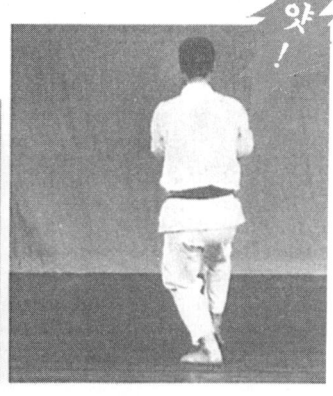

우족 앞 반후굴자세

보내기 발인 듯이 앞쪽으로 뛰어든다.

제 1 장 오십사보 대

| 62 | 우측 계두 중단막기
왼손바닥 오른팔꿈치밑에 곁들인다

좌측 다리 축, 허리를 좌전, 정면으로 돌아다본다.

바로 !

우족을 당기고, 자연체로 되돌아간다.

우족 앞 반후굴자세

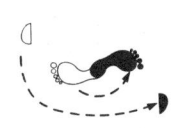

자연체

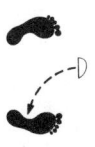

제 1 장 오십사보 대 61

오십사보 대(五十四步 大)의 포인트

오십사보는 대(大)와 소(小)가 있으며, 둘 다 대단히 긴 형이다. 발다루기가 54가지 있는 데서 이 명칭이 붙여졌는데, 현재의 형은 약간 발다루기가 변화해 있다. 형의 특징과 장점은 매끄럽고, 유려한 기술의 변화와 밸런스 감각. 예를 들면 한쪽 다리서기, 반후굴자세 같은 서기가 많고, 한쪽 다리로 반전하는 것 같은 요소도 많이 포함되어 있다. 오십사보대에서는 특히 계두를 사용한 거동이 많고, 계두로 다뤄서 떨어뜨려 지르기를 끝내기하는 것 같은 패턴도 많이 볼 수 있다. 어쨌든 기초적인 형이 아닌, 매우 연도(練度)가 높은 형이라고 할 수 있을 것이다.

거동 1 : 상대의 중단 공격을 왼팔로 위에서 누르며, 크게 내려치기. 팔꿈치를 중심으로 크게 주먹을 세로로 돌린다. 턱에서 얼굴의 중심선을 지나 머리로 향해 돌린다.

거동 4 : 한걸음 발을 내디디면서, 상대의 안쪽 팔 깊이 막는다. 좌 세로 수도는 우측 겨드랑이 밑에서 크게 돌리면서 막는다. 보통의 수도막기는 어깨 위로 비스듬히 갈라내듯이 하여 막는다. 세로수도와 수도의 차이를 똑똑히 터득해 주기 바란다.

거동 15 : 왼손바닥 잡아채어 막기는 상대가 앞차기로 공격해오는 것을
일단 왼손바닥을 앞으로 뻗고, 차는 발의 뒤쪽을 잡아채듯이 하여 막는
다. 이 때 우수는 아구를 벌려 똑바로 상대의 무릎으로 밀고 들어간다.

거동 16 : 팔꿈치를 중심으로 앞팔을 세워 안쪽에서 막는다. 상대의 지
르기 팔을 안쪽에 걸치고, 상대의 지르기 코스를 돌리게 하는 것이 포
인트가 된다.

거동 17 : 팔꿈치의 스냅을 살려서 앞팔을 곧장 비스듬히 밑으로 뻗고, 한 관수로 떨어뜨릴 듯하게 반격한다. 가령 도중에서 상대가 막아도, 그대로 팔꿈치의 스냅을 살려서 밀고 들어갈 수가 있다.

거동 38 : 상대가 중단을 질러오는 것을, 우측 취수(鷲手)를 머리 위에서 크게, 앞쪽에서 세로로 돌려서, 상대의 지르기 팔 또는 등을 위에서 두드리듯이 막는다. 이어서 팔꿈치를 중심으로 앞팔을 젖히고, 팔꿈치의 탄력을 살려 위로 밀어올린다. 상대의 대퇴를 공격하여 반격의 의욕을 꺾을 경우도 있다.

거동 41 : 상대의 안면 공격을, 뛰어들어 지르기 팔을 안쪽에서 손목으로 막아 넘기면서 동시에 좌권으로 옆구리에 반격한다. 또한 상대가 찼을 경우에는 발을 한 발 뒤로 옮기고, 허리를 돌리면서 하단으로 막는다.

제 1 장 오십사보 대

거동 56 : 뒤쪽에서 껴안겼을 때, 양팔꿈치를 수평으로 뻗으면서 상체를 급속히 앞으로 넘어뜨리고, 엉덩이를 뒤로 쑥 내밀면서 상대의 급소에 질러대고, 동시에 양권추로 양쪽 옆구리로 반격한다. 그래도 상대의 껴안은 손을 뿌리칠 수 없을 때는, 발을 옆으로 문질러내고, 허리를 세게 올려서 상체를 돌리면, 상대가 메치기와 마찬가지로 무너진다.

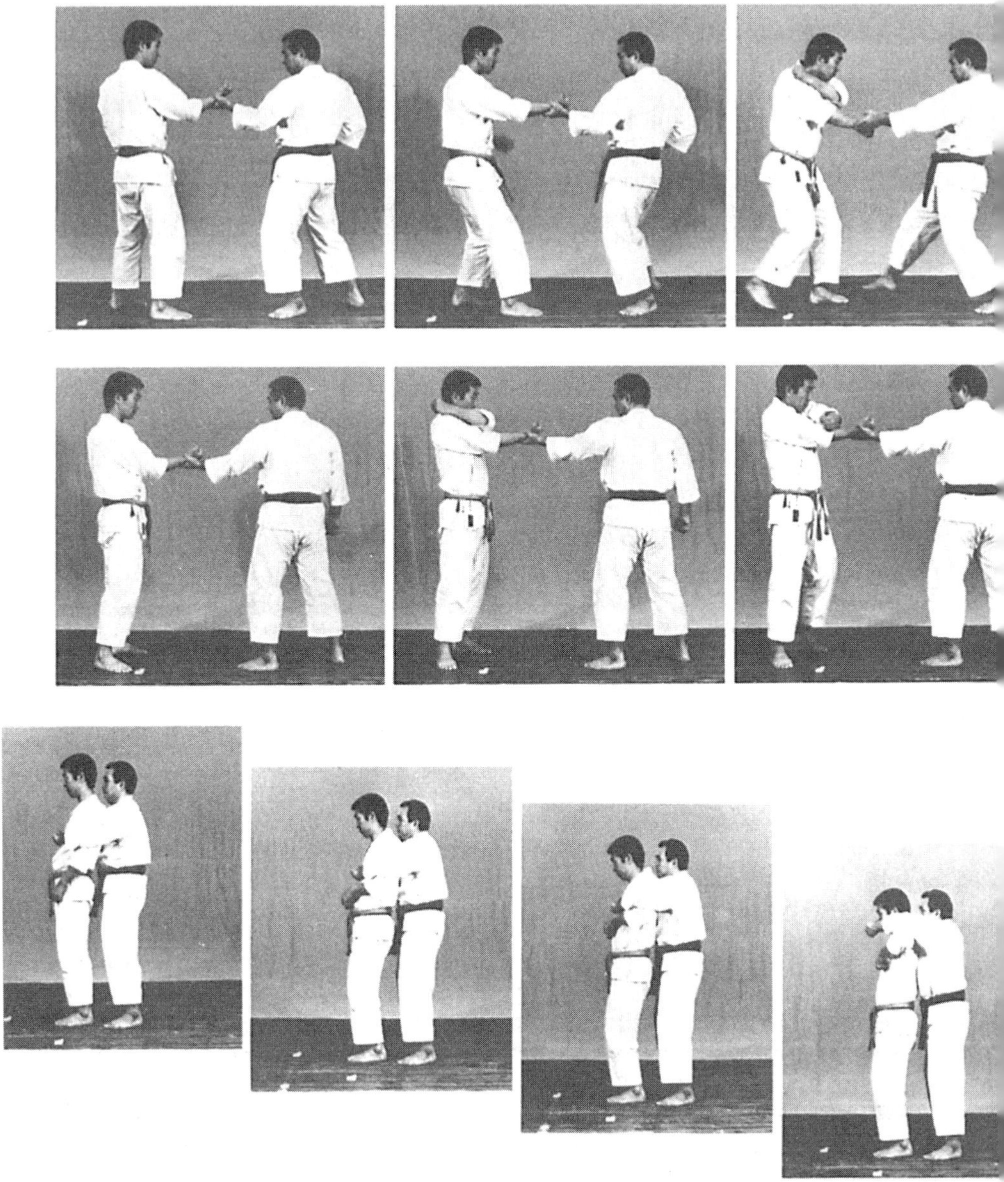

거동 53 : 상대에게 손목을 잡혔을 때의 뿌리치는 방법.

제1장 오십사보 대

거동 60-62 : 양계두로 상대의 양손 중단지르기를 안쪽에서 문질러 올리는 듯이 막고, 동시에 양쪽 한 주먹으로 동시에 반격한다. 포인트는 뒤쪽으로의 돌아다보기로, 매끄럽게 재빨리 행하도록!

오십사보 소(五十四步 小)

겨누기

| 1 | 우 등주먹 상단 (세로)내려치기
좌권 오른팔꿈치밑에 곁들인다(등 위쪽 향하기) |

천천히 손과 다리를 동시에 끝내기한다.

연무선

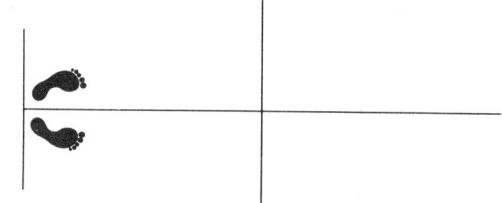

우 전굴자세

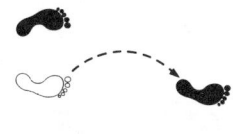

제 2 장 오십사보 소 73

2 양권 중단 벌려막기

우 후굴자세

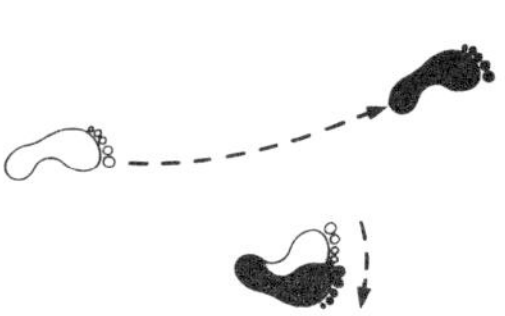

좌족을 좌측 비스듬히 앞으로 문질러낸다. 천천히.

4 좌측 중단 (세로)수도막기

좌 후굴자세

좌족을 좌측 비스듬히 앞으로 문질러낸다. 천천히

3 양권 중단 벌려막기

좌족을 우족 앞으로 문질러내고, 천천히 우족을 우측 비스듬히
앞으로 문질러낸다.

좌 전굴자세

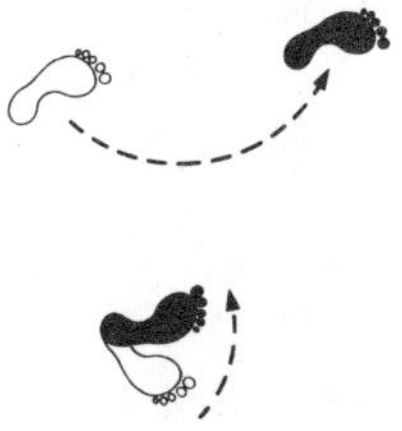

제 2 장 오십사보 소 75

| 5 | 우 중단 (역)지르기 | 6 | 좌 중단 (바로)지르기 |

5, 6거동은 중단 연속지르기.

| 8 | 우 중단 (바로)지르기 |

우 전굴자세

7, 8거동은 연속해서.

| 7 | 우 중단 앞차기 |

좌측 다리서기

| 9 | 우 중단 (세로)수도막기 |

우 전굴자세

우족을 우측 비스듬히 앞으로 문질러낸다. 천천히.

| 10 | 좌 중단 (역)지르기 | | 11 | 우 중단 (바로)지르기 |

10, 11거동은 연속지르기.

| 14 | 우측 팔꿈치 올려치기 |

좌 전굴자세

우측 다리를 축으로 좌족을 뒤쪽으로 당긴다.

| 12 | 좌측 중단 앞차기 | 13 | 좌 중단 (바로)지르기 |

우측 다리서기

12, 13거동은 연속해서.

우 전굴자세

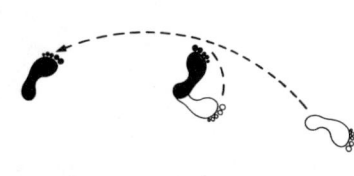

제 2 장 오십사보 소 79

| 15 | 우 수도막기
좌수 오른팔꿈치밑에 곁들인다 (등 위쪽 향하기)

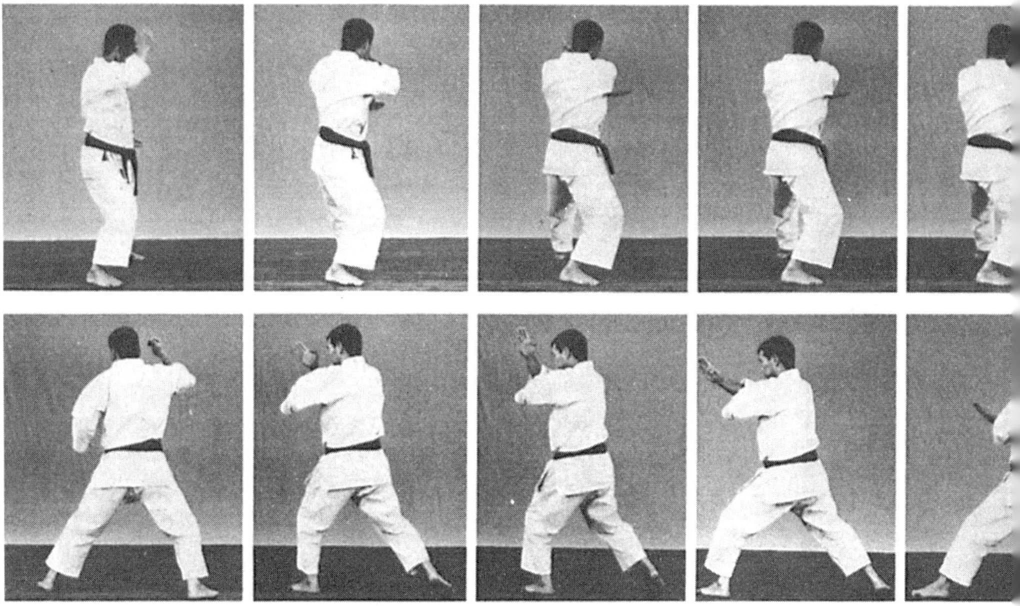

허리를 좌전. 천천히.

| 17 | 우측 네 관수 중단 (세로)찌르기
왼손바닥 오른팔꿈치밑에 곁들인다

양손바닥 서로 문질러 맞추는 듯한 기분으로.

| 16 | 우측 손등 중단누르기
(손바닥 위쪽 향하기)
좌 수도 하단막기

양손 동시에, 팔꿈치를 중심으로 우측 앞팔을 우측으로 넘어뜨린다.

| 18 | 좌측 네 관수 중단 (세로)찌르기
오른손바닥 왼팔꿈치 안쪽에 곁들인다

우 전굴자세

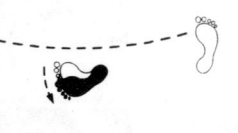

제 2 장 오십사보 소 81

| 19 | 우측 네 관수 중단 (세로)찌르기
왼손바닥 오른팔꿈치 안쪽에 곁들인다

18, 19거동 다 같이 양손바닥을 서로 문질러 맞추듯이.
17, 18, 19거동도 다 같이 곧장 쑥 내민다.

| 21 | 우측 손등 중단누르기(등 아래쪽 향하기)
좌 수도 하단막기

팔꿈치를 중심으로 우측 앞팔을 우측 방향으로
넘어뜨린다. 좌우 양권 동시에.

| 20 | 우 수도 중단막기
좌수 오른팔꿈치밑에 곁들인다

우 후굴자세

허리를 좌전. 뒤쪽으로 돌아다본다. 천천히.

네 관수 중단 (세로)찌르기
오른팔꿈치 안쪽에 곁들인다

우 전굴자세

| 23 | 좌측 네 관수 중단 (세로)찌르기
우수 왼팔꿈치 안쪽에 곁들인다

| 25 | 좌측 손등 좌측 하단막기
우 수도 명치앞 겨누기

우측 다리 축, 허리를 좌전, 좌족을 좌측으로 문질러낸다.

| 24 | 우측 네 관수 중단 (세로)찌르기
좌수 오른팔꿈치 안쪽에 곁들인다

23, 24거동 계속해서. 좌우 양손바닥을 서로 문질러 합치듯이.

기마자세

제 2 장 오십사보 소 85

26 양수 그대로

천천히.

좌족 앞에 우족을 교차

27b 양수 좌측 허리

기마자세

좌족을 좌측으로 세게 뛰어든다. 동시에 양손바닥을 세게
좌측 허리로 끌어당긴다.

27a 양손바닥 합쳐 중단 봉막기

우측 다리서기

좌측 무릎 좌측 가슴 앞으로 올린다. 오른손바닥 위(등 위쪽 향하기),
왼손바닥 밑(등 아래쪽 향하기).

28 우 배도 하단막기
좌 수도 명치앞 겨누기

우 배도로 우측 방향으로 하단막기.

| 29 | 양수 그대로

우족을 좌족 앞에 교차

천천히.

| 31 | 우 수도 중단막기
좌수 오른팔꿈치 밑에 곁들

기마자세

우족을 우측 방향으로 세게 뛰어들고, 동시에 양손 바닥을 꽉 쥐면서 세게 우측 허리로 끌어당긴다.

| 30a | 양손바닥 합쳐 중단 봉막기 | 30b | 양권 우측 허리 (손등 위쪽 향하기) |

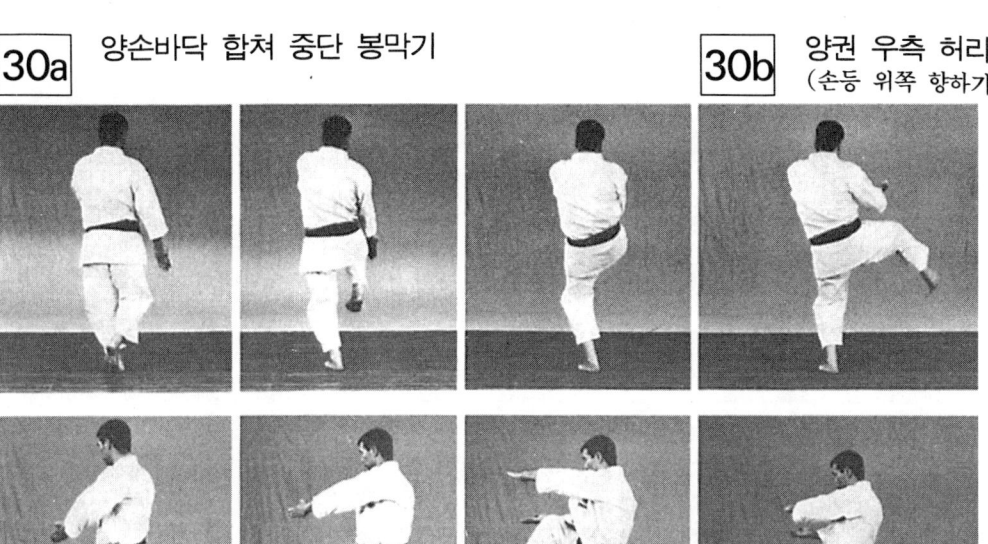

우측 무릎 우측 가슴 앞으로 낀다.

등 위쪽 향하기)

우 후굴자세

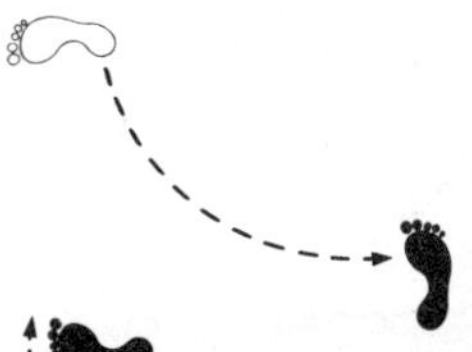

좌족 축으로, 우족을 뒤쪽으로 당긴다. 천천히.

| 32 | 우측 손등 중단누르기(손등 아래쪽 향하기)
좌 수도 하단막기

양수를 동시에.

| 34 | 좌측 네 관수 중단 (세로)찌르기
우수 왼팔꿈치 안쪽에 곁들인다

| 33 | 우측 네 관수 중단 (세로)찌르기
좌수 오른팔꿈치 안쪽에 곁들인다 |

 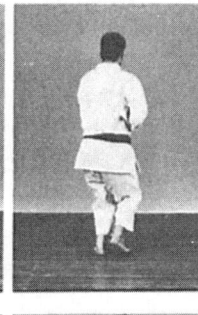  

우 전굴자세

우족은 한 발 문질러내고.

| 35 | 우측 네 관수 중단 (세로)찌르기
좌수 오른팔꿈치 안쪽에 곁들인다 |

33거동에서부터 연속지르기. 양손바닥을 문질러 합치듯이.

36 우 수도 상단 돌려치기

우측 다리 축, 허리를 좌전, 뒤쪽으로 돌아다보고.

37 우 수도 상단치기

우족을 한 발 앞으로 문질러낸다. 우 수도는 팔꿈치를 고정시켜 팔꿈치를 중심으로 앞팔을 비튼다. 손과 다리를 동시에 천천히 편다.

좌 전굴자세

우 전굴자세

제 2 장 오십사보 소 93

| 38 | 좌 수도 상단 돌려치기

| 39 | 좌 수도 상단치기

좌족을 문질러내고 좌 전굴자세가 되면서, 좌 수도는 팔꿈치를 고정하여, 팔꿈치를 중심으로 앞팔을 젖힌다. 손과 다리를 동시에 천천히 편다.

좌 전굴자세

40 우 중단 팔막기

좌권을 좌측 허리로 충분히 끌어당기고, 역반신이 된다.

42 우 상단 잡아끌어당기기 좌 하단지르기

좌측 다리서기

앞차기의 발을 앞쪽으로 내리고, 좌족을 우족 뒤에 곁들여서

41 우 중단 앞차기

우족 앞 교차

서기가 되고 허리를 낮춘다.

제2장 오십사보 소 97

43 우 (뒤로)하단막기

얼굴을 앞쪽으로 향한 채, 우측 다리를 축으로 좌족을 뒤쪽에 문질러낸다. 상체는 약간 비스듬히 넘어뜨린다. 41, 42, 43거동은 연속해서.

44 우 수도 중단막기
좌수 오른팔꿈치밑에 곁들인다(등 위쪽 향하기)

천천히.

좌 전굴자세

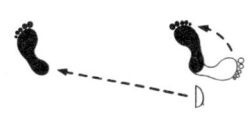

우 후굴자세

제 2 장 오십사보 소

45 우측 손등 중단누르기(손등 아래쪽 향하기)
좌 수도 하단막기

오른팔꿈치를 중심으로, 우측 앞팔을 우측 방향으로 넘어뜨린다. 양수를 동시에.

47 좌측 네 관수 중단 (세로)찌르기
우수 왼팔꿈치 안쪽에 곁들인다

48 우측 네 관수 중단 (세로)찌르기
좌수 오른팔꿈치 안쪽에 곁들인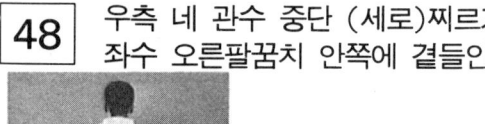

47, 48거동, 특히 신속하게 계속해서.

| 46 | 우측 네 관수 중단 (세로)찌르기
좌수 오른팔꿈치 안쪽에 곁들인다

우 전굴자세

| 49 | 좌 배도 좌측 하단막기
우 수도 명치앞 겨누기

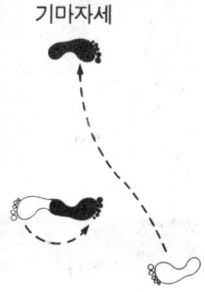

기마자세

50 양수 그대로

좌족을 우족 앞에 교차

51b 우 중단지르기

기마자세

좌족을 뛰어들고, 기마자세가 되는 것과 동시에 중단지르기.
50, 51거동은 계속해서.

51a 우측 (세로)수도 중단막기

좌측 무릎, 좌측 가슴 앞에 올린다.

52 우 배도 우측 하단막기
   좌 수도 명치앞 겨누기

| 53 | 양수 그대로

우족을 좌족 앞에 교차

| 55 | 우 등주먹 상단 (세로)내려
좌권 오른팔꿈치밑에 곁들인

기마자세

우족을 앞쪽으로 문질러내

| 54a | 좌측 (세로)수도 중단 팔막기 | 54b | 우수 중단지르기 |

우측 무릎 우측 가슴 앞에 올린다.

우족으로 뛰어들고, 기마자세가 되는 것과 동시에 중단지르기. 53, 54거동은 계속해서.

(위쪽 향하기)

우 전굴자세

천히 손과 다리를 동시에 끝내기한다.

제2장 오십사보 소

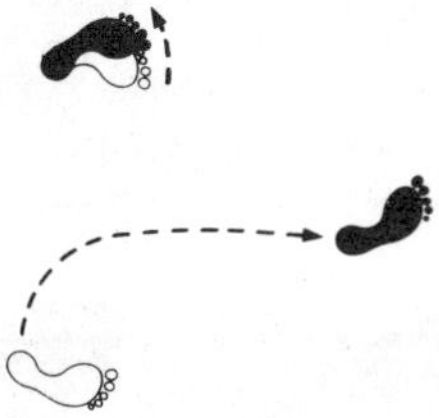

| 56 | 좌 권추 중단 옆치기

기마자세

우족을 뒤쪽으로 당기고, 방향을 바꾼다.

| 58 | 양권 앞쪽에 평행으로 뻗는다

자연체

허리를 좌전, 좌족을 당겨 자연체로.

57 우 중단 (바로)지르기

우 전굴자세

59 양권추 뒤쪽 중단 끼워치기

상체를 앞쪽으로 넘어뜨리고, 엉덩이로 세게 뒤쪽을 치는 기분으로.
동시에 양권추로 끼우고.

제 2 장 오십사보 소 107

60 양권 허리에 겨눈다

62 양수도 양쪽 하단막기

우족 앞 반후굴자세

천천히 손과 다리를 동시에.

61	양권 허리에 겨눈 채

좌 전굴자세

우측 다리 축, 허리를 세게 좌전.

63	양계두 중단막기

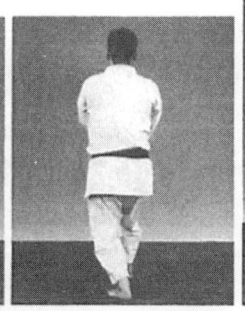

팔꿈치를 중심으로 앞팔을 세우고, 천천히.

| 64 | 양수 청룡도 중단치기

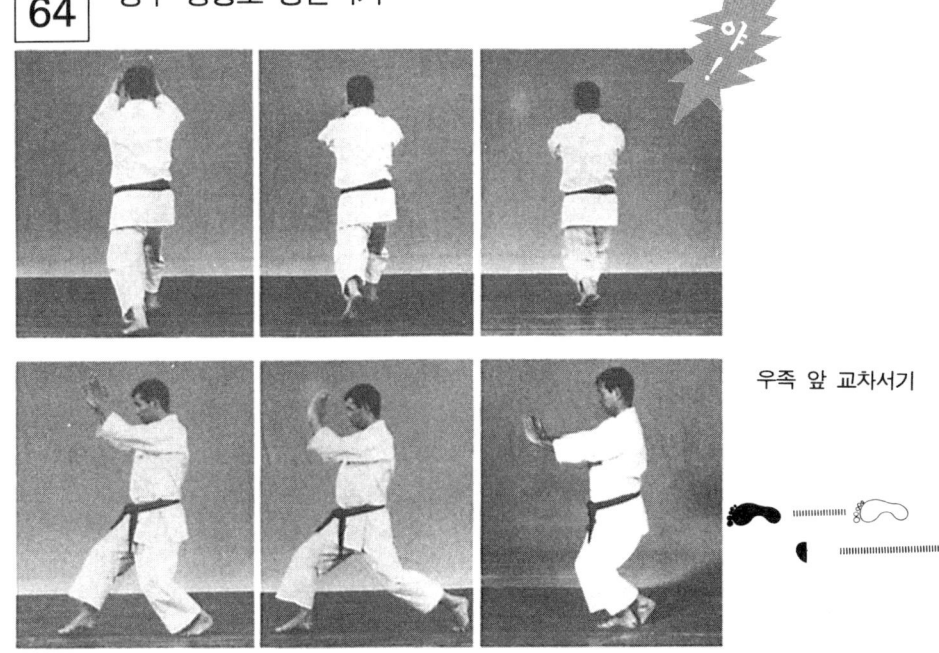

우족 앞 교차서기

계두에서 손목을 세우고, 청룡도를 세게 밀어낸다.
반후굴자세에서 교차서기로 신속하게 뛰어든다.

바로 !

천천히 자연체가 되고 끝난다.

| 65 | 우 수도 중단막기
좌수 오른팔꿈치밑에 곁들인다 (손등 위쪽 향하기) |

우 후굴자세

우족을 뒤쪽으로 당기고, 허리를 좌전. 뒤쪽으로 돌아다보고 정면 향하기가 된다. 천천히 손과 다리를 동시에 끝내기한다.

자연체

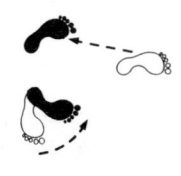

제2장 오십사보 소 111

오십사보 소(五十四步 小)의 포인트

　오십사보소는 형의 특징과 장점 등 대(大)와 거의 같지만, 대에서는 계두로 다루는 기술이 많은 데 비해 수도로 다루기, 누르면서의 돌진 같은 기술이 많다. 즉 오십사보대의 형을 약간 변형한 것으로, 베테랑의 원숙한 기술을 써서 연무하면 그 특징과 장점이 잘 나오는 형이라고 할 수 있다.

 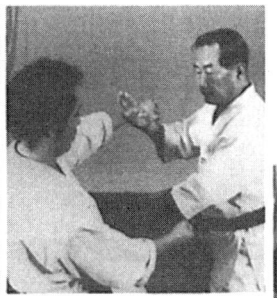

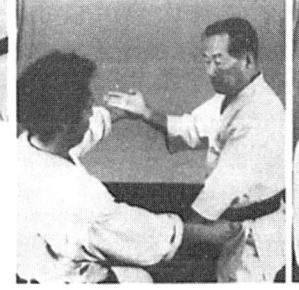 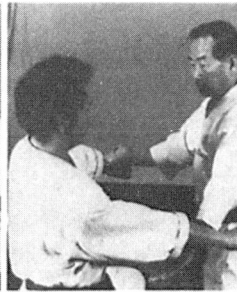

거동 16 : 수도로 막고, 팔꿈치에서 끝을 옆으로 넘어뜨려 상대의 팔을 누르면서, 동시에 좌 수도로 하단후리기. 오른팔꿈치를 중심으로 우측 앞팔을 우측면으로 세게 넘어뜨린다. 이 수도막기는 몸을 거의 정면으로 향하게 한 채, 몸의 우측에서 수도로 막는다.

거동 17 : 관수는 양수를 문질러 합치면서 행한다. 이런 경우, 상대의 잡은 손을 톱으로 켜는 것 같은 기분으로 행하는 것이 중요하다.

거동 27 : 앞에서 질러온 봉을 우수로 눌러서 잡고, 좌수로 밑에서 잡아 우측 허리로 끌어당겨 빼앗는다. 오른손바닥은 등 아래쪽 향하기, 왼손 바닥은 등 위쪽 향하기. 팔의 경우도 마찬가지이다.

제2장 오십사보 소

거동 39 : 잡힌 손을 뿌리치는 것이 아니라, 팔꿈치를 중심으로 앞팔을 젖혀서, 그대로 수도로 밀어넣는다. 팔꿈치의 위치는 바꾸지 않고 손목을 젖힌다. 팔꿈치의 힘을 뺀다.

거동 42 : 상대를 잡아 끌어당기면서 허리를 낮춰 하단 공격.

거동 43 : 상대의 좌수를 우 하단막기로 뿌리친다. 또 상대의 우수를 하단후리기로 뿌리치고, 그대로 하단막기로 상대의 우측 차기를 몸을 비스듬히 넘어뜨려서 다룬다. 하단막기는 두드리는 것처럼, 동시에 좌수를 뒤로 세게 당기는 것이 중요하다.

거동 64 : 팔을 측면으로 휘둘러 내리고, 상대의 지르기를 막아 넘긴다. 이 때 상대는 양수로 질러오므로, 양계두막기(네 손가락을 가지런히 한 채)로 튕겨올려 상대의 지르기 손을 피하고, 손목을 젖혀 청룡도 부위로 양쪽 쇄골(鎖骨)에 반격한다. 팔꿈치의 위치를 바꾸지 않는다.

3
명경(明鏡)

겨누기

| 1 | 양권 양쪽 허리겨누기

우족을 좌측으로 벌려, 앞쪽 가슴 높이에서 양손바닥을 꽉 쥐고, 교차시키면서 끌어당긴다. 천천히 차츰 힘을 준다.

연무선

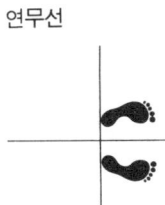

기마자세

제3장 명경

2a 양손바닥 턱앞 맞추기
(손등 비스듬히 앞 아래쪽 향하기)

양손바닥, 새끼손가락, 약손가락 끝을 가볍게 댄다. 천천히 조용하게.

3 좌 하단막기 / 우권 우측 허리

우측 다리 축, 좌족을 비스듬히 앞쪽으로 문질러낸다.

2b 양손바닥 벌려막기

겨드랑이를 죄고, 양손바닥 팔꿈치에서부터 약간 넓게 벌린다. 차츰 힘을 준다.

좌 전굴자세

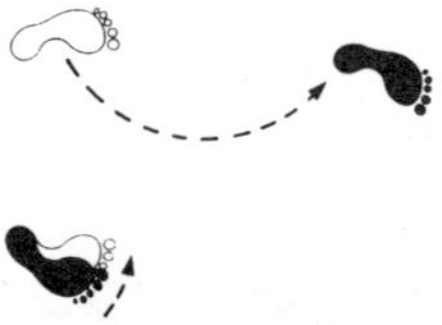

4 우 중단 (바로)지르기
좌권 좌측 허리

우 전굴자세

우족을 앞쪽으로 문질러낸다.

6 좌 중단 (바로)지르기
우권 우측 허리

좌 전굴자세

좌족을 한 발 앞으로 문질러내고.

5	우 하단막기 좌권 좌측 허리

우 전굴자세

좌측 다리 축, 허리를 우전. 우족을 비스듬히 우측으로 문질러 옮기고.

7	왼손바닥 이마앞에 얹는다(등 아래쪽 향하기) 오른손바닥 하단막기(등 아래쪽 향하기)

좌 후굴자세

허리를 좌전, 우족을 한 발 문질러내고 정면 향하기가 된다.

| 8 | 양손바닥 잡아막기
하단으로 밀고 들어간다

우 전굴자세

우권 하단(우측등 위쪽 향하기), 좌권 우측 허리앞(좌측등 아래쪽 향하기).

| 10 | 양권 양쪽 허리

우족을 좌족에 나란히 하고, 양손바닥 얼굴 앞에서 교차, 꽉 쥐면서 양쪽 허리로. 천천히 손과 다리를 동시에.

9 거동 그대로

좌 전굴자세

허리를 좌전, 뒤쪽으로 돌아다본다. 허리 좌전과 같이 얼굴도 뒤쪽으로 돌아다본다.

기마자세

제 3 장 명경

| 11 | 좌 하단막기 / 우권 우측 허리

좌족을 비스듬히 좌측 앞으로 문질러낸다.

| 12 | 우 중단 (바로)지르기 / 좌권 좌측 허리

우족을 앞쪽으로 문질러낸다.

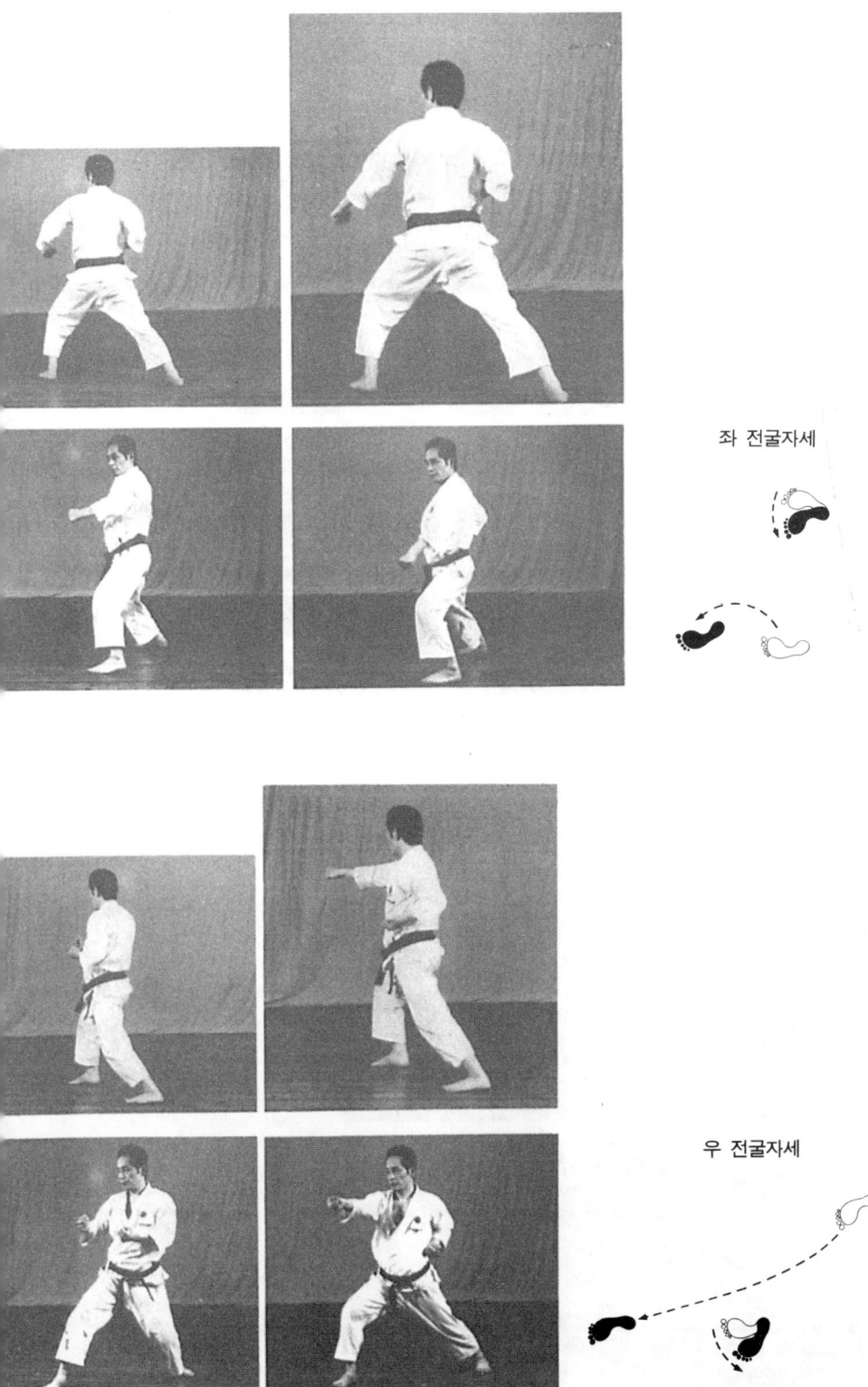

좌 전굴자세

우 전굴자세

제 3 장 명경

| 13 | 우 하단막기
좌권 좌측 허리 |
|---|---|

우 전굴자세

좌측 다리 축, 우족을 비스듬히 우측 방향으로 문질러 옮기고.

| 15 | 왼손바닥 이마앞에 얹는다 (손등 아래쪽 향하기)
오른손바닥 하단막기 (손등 아래쪽 향하기) |
|---|---|

좌 후굴자세

양손바닥 아구를 벌리고 봉막기. 손과 다리를 동시에 천천히.

| 14 | 좌 중단 (바로)지르기
우권 우측 허리

좌 전굴자세

  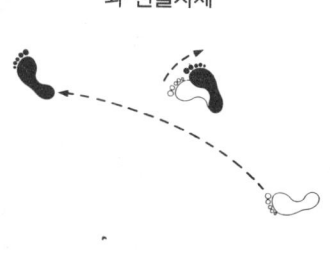

| 16 | 양손바닥 잡아막기
하단으로 밀고 들어간다

우 전굴자세

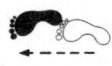

우권 하단(우측등 위쪽 향하기), 좌권 우측 허리앞(좌측등 아래쪽 향하기).

제3장 명경   129

| 17 | 그대로 |

좌 전굴자세

허리를 좌전, 뒤쪽, 정면으로 돌아다본다. 얼굴은 뒤쪽으로 돌아다본다.

| 19 | 좌 중단 팔막기 / 우권 우측 허리 |

좌족을 비스듬히 좌측 앞으로 문질러내고.

| 18 | 양권 양쪽 허리

  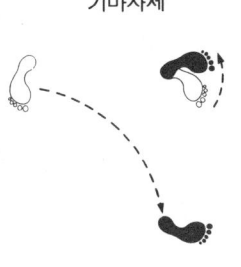

기마자세

우족을 좌족에 나란히 한다. 양손바닥 얼굴 앞에서 교차, 꽉 쥐면서
양쪽 허리로. 천천히 차츰 힘을 준다. 손과 다리를 동시에.

  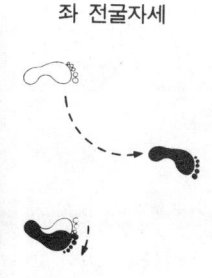

좌 전굴자세

제3장 명경

20 좌 중단 (바로)지르기

우 전굴자세

22 좌 중단 (바로)지르기

좌 전굴자세

21 우 중단 팔막기

우 전굴자세

좌측 다리 축, 우족을 비스듬히 우측 방향으로 문질러 옮기고.

23 우 권추 중단치기 / 우권 우측 허리

기마자세

좌족을 우족에 나란히 한다.

| 24 | 우측 안다리 돌려차기 |

우측 무릎을 올리고, 왼손바닥을 친다.

우 후굴자세

| 26 | 양권 좌측면 상단막기 |

우측 앞팔 이마앞(등 안쪽 향하

25 양권 하단 벌려막기

좌측 다리서기

우측 차는 발을 뒤쪽으로 당기고, 일단 가슴 앞에서
교차하여 양쪽 하단막기. 약간 우측 반신.

측 앞팔을 세운다.

제 3 장 명경 135

| 27 | 양권 우측면 상단막기

우측을 한 발 앞쪽으로 문질러낸다. 좌측 앞팔 이마앞(등 안쪽 향하기), 우측 앞팔을 세운다.

| 28 | 양권 양쪽 하단막기

좌족을 앞쪽으로 문질러낸다. 안면에서부터 교차시키면서 크게 몸 양쪽으로 휘둘러 내린다. 허리를 세게 밀어낸다.

좌 후굴자세

좌 전굴자세

29 양권 중단 (위로)벌려막기
(양쪽 손등 아래쪽 향하기)

우족을 앞쪽으로 문질러내고, 가슴 앞에서 교차시켜 밀어제친다.

30b 양권 중단 (위로)벌려막기

좌 후굴자세

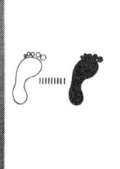

그대로 앞쪽에 보내기 발.
29거동의 중단막기로 되돌아간다.

31 좌 상단막기

30a 양권 상단 뒤지르기

좌 후굴자세

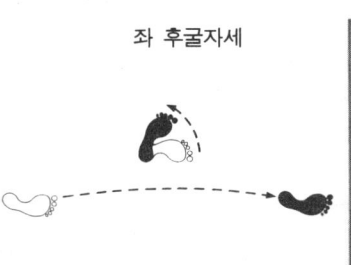

그대로 앞쪽에 보내기 발.

우 후굴자세

보내기 발인 듯이 양쪽 앞쪽으로 조금 나아가면서
허리를 좌전, 뒤쪽으로 돌아다보고 상단막기.

| 32a | 삼각 뛰기

허리를 크게 좌전시켜, 뛰면서 공중에서 오른팔꿈치를 왼손바닥에 맞힌다.

| 33 | 좌 수도막기

바로 !

우 후굴자세

우족을 뒤쪽으로 당기고.

자연체로 되돌아간다

32b 우 수도막기

좌 후굴자세

공중에서 1회전하여, 정면 향하기가 된다.

자연체

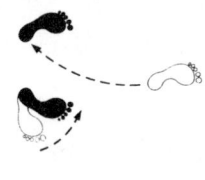

제3장 명경

명경(明鏡)의 포인트

부드럽고 유연한 형. 이 형 안에 나오는 기술은 대부분이 기초적인 형(평안 등)으로 이루어지고 있다. 이 형의 최대 특징은 마지막에 나오는 삼각뛰기로, 불리한 위치에서 한 순간 몸을 날려 유리한 위치를 얻는다고 하는 큰 기술이 들어 있는 것. 이 기술은 고단자라도 잘할 수 없는 기술로, 숙련된 사람만이 할 수 있는 고도의 큰 기술이다.

거동 2 : 양손바닥을 가볍게 합쳐 안쪽에서 상대의 양권 공격을 막고, 손바닥을 좌우로 벌리면서 공격을 피한다. 이 때 겨드랑이를 죄고, 팔꿈치의 위치를 바꾸지 말 것.

거동 7-8 : 앞에서 봉을 휘둘러 내리고 공격해 오는 상대를, 우족을 앞에 하여 양손바닥으로 봉막기. 이어서 왼팔꿈치를 죄면서 우수로 세게 앞으로 불쑥 내밀면, 자연히 상대의 자세는 흐트러진다.

거동 24-25 : 상대가 바로지르기로 나온 것을 우측 안다리 돌려차기로 앞팔을 세게 부딪고 막는다. 즉시 차는 발을 당기면서, 허리를 앞으로 밀어내듯이 앞팔로 상대의 양수 공격을 세게 후리고 막는다.

거동 29-30 : 양수 중단 팔막기한 뒤, 앞쪽으로 뛰어들면서 양팔꿈치를 뻗고 양권으로 안면을 반격한다. 팔꿈치는 탄력을 살려, 즉시 되돌린다.

거동 32 : 삼각뛰기의 기술 포인트는 허리를 세고 크게 돌린다. 발도 가능한 한 기는 상태를 지속할 것. 이 사진에서는 과연 베테랑이구나 하는 멋진 단련의 흔적을 볼 수가 있다.

제3장 명경 145

무술 · 내공 · 건강 전문도서

서림 무술 시리즈

❶ 종합 태권도전서	김병운·김정록저 /35,000원
❷ 영한대역 태권도교범(1)	김정록저 /7,000원
❸ 영한대역 태권도교범(2)	김정록저 /7,000원
❹ 영한대영 태권도교범(3)	김정록저 /7,000원
❺ 영한 태권도본	김정록저 /20,000원
❻ 태권도심판론	한상진저 /8,000원
❼ 전통 무술택견	송덕기저 /5,000원
❽ 실전 씨름교본	김정록편저 /6,000원
❾ 스포츠용어사전	강태정편저 /9,500원
❿ 줄넘기백과	한국줄넘기협회 /12,000원
⓫ 비전합기도	김상덕저 /5,000원
⓬ 합기도과학	강태정역 /7,000원
⓭ 공수도백과	강태정역 /12,000원
⓮ 실전 공수도교범	최영의저 /4,000원
⓯ 정통 유도백과	이성우역 /15,000원
⓰ 종합레슬링전서	서림편집부역 /12,000원
⓱ 회전무술교본	명재옥저 /4,000원
⓲ 족술도교본	명재옥저 /4,000원
⓳ 이소룡의 쌍절곤백과	이소룡저 /8,000원
⓴ 쌍절곤교범	이봉기·김조웅저 /4,000원
㉑ 절권도(상)	이소룡저 /8,000원
㉒ 절권도(하)	이소룡저 /8,000원
㉓ 이소룡과 영춘권법	이영복역편 /3,000원
㉔ 당랑적요격투기(I)	이봉철저 /4,000원
㉕ 당랑권법(흑흑출동권)	박종관저 /3,000원
㉖ 격투발차기	조희근저 /4,000원
㉗ 양가태극권교본	박종관저 /6,000원
㉘ 진가태극권	조은훈감수 /3,000원
㉙ 우슈태극권교본	박종관편저 /5,000원
㉚ 우슈남권교본	박종관편저 /5,000원
㉛ 우슈장권교본	박종관편저 /5,000원
㉜ 최신 검도기법	편집부역 /4,500원
㉝ 검술교본	김상덕저 /4,000원
㉞ 도술교본	김상덕저 /4,000원
㉟ 곤술교본	김상덕저 /4,000원
㊱ 창술교본	김상덕저 /3,000원
㊲ 당랑권법 쌍풍권	소신당저 /4,500원
㊳ 당랑권법 매화권	소신당저 /5,000원
㊴ 당랑권법 금강권	소신당저 /4,500원
㊵ 내공팔극권(북파소림권)	무림편집부역 /5,000원
㊶ 쿵후교범(상)	조은훈저 /7,000원
㊷ 쿵후교범(하)	조은훈저 /7,000원
㊸ 사학비권	조은훈저 /6,000원
㊹ 이소룡의 생애와 무술과 사랑	정화편저 /6,000원

서림 내공 · 건강 시리즈

❶ 내공 · 양생술전서	석원태저 /8,000원
❷ 기공법과 차력술	박종관저 /8,000원
❸ 선도내공술	경기공추광단 /4,500원
❹ 소림내공술(I)	경기공추광단 /5,000원
❺ 중국의료기공	박종관저 /6,000원
❻ 금선증론	유화양 /8,000원
❼ 혜명경	유화양 /8,000원
❽ 천선정리	오수양저 /8,000원
❾ 선불합종	오수양저 /7,000원
❿ 포박자(내편 1)	갈홍저 /8,000원
⓫ 포박자(내편 2)	갈홍저 /8,000원
⓬ 포박자(외편 1)	갈홍저 /8,000원
⓭ 포박자(외편 2)	갈홍저 /8,000원
⓮ 포박자(외편 3)	갈홍저 /8,000원
⓯ 현묘지도	문경섭저 /8,000원
⓰ 발경의 과학	강태정역 /8,000원
⓱ 선단식(仙斷食)조기법	박종관저 /6,000원
⓲ 실용 단식건강법	박종관저 /4,000원
⓳ 36시간 단식법	편집부편 /3,000원
⓴ 7일완성 단식법	김주호역 /2,500원
㉑ 체질탐구	최병일저 /5,000원
㉒ 태국 안마요법	박종관저 /4,000원
㉓ 실용 지압치료법	박종관저 /4,500원
㉔ 지압건강법	서림편집부 /4,000원
㉕ 지압과 뜸	서림편집부 /4,000원
㉖ 발지압 맛사지 치료법	강태정역 /3,000원
㉗ 자기지압 · 맛사지 · 경혈체조	김주호저 /2,500원
㉘ 자가진단법	김영호저 /6,000원
㉙ 백만인의 요가	김주호역 /4,000원
㉚ 기공치료와 호흡건강법	김주호역 /3,000원
㉛ 단전호흡 건강법	김주호역 /4,000원
㉜ 약이 되는 자연식	이태우저 /4,000원
㉝ 새시대의 건강전략	이상택저 /6,000원
㉞ 성인병 정복의 길	이상택저 /4,500원

 서림문화사

서울시 종로6가 213-1 (영안빌딩 405호) 전화(02) 763-1445, 742-7070 팩스(02) 745-4802